平塚らいてうと現代

女性・戦争・平和を考える

YONEDA Sayoko
米田佐代子

吉川弘文館

はしがき

本書は、二〇〇二年に上梓した『平塚らいてう—近代日本のデモクラシーとジェンダー』以降に発表した研究のなかから、現代に生きるわたしたちが今、らいてうから何を受け取るべきか考えた論文数点を収録したものである。

前著から二〇年余り経ち、この間に少なくない数の論文やエッセイを発表してきたが、本書にはそのごく一部しか収録できなかった。本来ならばそれらに手を入れ、全体の論旨をより明確にする作業を行なうべきであるが、個人的な事情もあってその余裕がなく、一部重複部分の削除などのほかには部分的な手直しにとどまったことに忸怩たる思いを抱いている。それでもあえて一書にまとめたいと考えた理由を二点だけ挙げておきたい。

一つは、わたしたちにとって「現代」とは何かという問いである。二つの世界大戦を経験した二〇世紀から二一世紀に入ってすでに四半世紀になろうとする現在、「ただ戦争だけが敵」と世界平和を訴え続けたらいてうのこころざしはいささかでも実現の可能性を拓いただろうか。二一世紀は、二〇〇一年にアメリカで起こった「9・11同時多発テロ」とそれに続くイラク戦争で幕を開け、世界各地の内戦・紛争のかたちをとった武力衝突からロシアのウクライナ侵攻、イスラエルのガザ攻撃にいたるまで、核保有国による「核戦争」の危機をはらみながら絶え間なく続いてきた。

このような時代にあって、今、平塚らいてうが八五年の生涯をかけて語り続けたメッセージには、どのような意味があるだろうか。「元始女性は太陽であった」の宣言とともに「女性解放運動家」として知られ、戦後平和運動に熱中してきたらいてうだが、これまでその平和思想と実践の全体像は必ずしも明確にされてきたとは言えなかった。むしろ、戦時中日本の侵略戦争に反対せず、戦後にわかに平和主義にめざめたかのようなイメージで語られることが多く、「既存の組織に組み込まれた」という見方もある。らいてうの自伝『元始、女性は太陽であった』（以下『自伝』）も、戦中戦後を扱った第四巻はらいてうの生前に完成せず、没後一九七二年に編集者小林登美枝さんによって完成したといういきさつもあって、この時期のらいてうの生活と思想を知るうえでいささかもどかしい感があったことも否めない。こうした課題と向き合いつつ、らいてうの生涯を通じて形成された平和思想とその実践について再発見を試みたいくつかの論考が本書の基調になっている。

らいてうは若い日に「自分はなにものか?」と模索し、「わたしはわたし」という「エゴイズム（自愛主義）」にたどりつく。一九一一年の『青鞜』発刊後「新しい女」という非難に直面したときも、らいてうは「頼るものは自分ひとりの力と信念だけ」によって「一騎打ち」を挑み続けた。やがて恋愛・結婚・出産を経て「母性」にめざめ、他者を受け入れる「アルトルイズム（他愛主義）」を自覚、第一次世界大戦後の「国家間の対立」を批判する「世界民」思想に惹かれて「産む性」である女性として「いのちの平和」を自覚していく。らいてうの母性主義と第一次世界大戦後の「世界民」思想とのむすびつき、一九二三年の関東大震災の経験とクロポトキンの「相互扶助論」の発見から得た「協同自治」社会構想などを踏まえて、これまでほとんど論じられることのなかったらいてうの「平和世界」認識をとらえなおしたいというのが、本書での試みである。

しかし、一九二〇年代を通じて生まれた国際連盟の発足や一九二八年の「パリ不戦条約」による「戦争違法化」をめざす平和主義の潮流は、一九三〇年代に大きく揺らいでいった。日本は第一次世界大戦開始とともに中国に対し「二一ヵ条要求」を発して中国民衆の反発を引き起こし、一九三一年満洲事変をきっかけに国際連盟を脱退、ナチスドイツとむすんで侵略戦争への道を歩みだす。このとき多くの国民が「満蒙生命線」といった国益のアピールとともに「アジアを白人支配から解放する」といった「東亜新秩序」の主張に引きこまれていった。

らいてうもまた「迷い」や「動揺」の道をたどりながら、こうした潮流に立ち向かうことができなくなっていった。明確な戦争反対の意志を持つことができないまま、一九四二年の「早すぎる疎開」によって沈黙する過程と、戦後そこから立ち直ってもう一度「全面的で世界的な平和」構想を持つにいたる経過について、これまで深く考察した研究はほとんどない。らいてうが中国との戦争を望まない立場をとりながら、なぜ中国の抗日統一戦線に反対し、日本の傀儡《かいらい》政権となる汪兆銘《おうちょうめい》政権支持の文章を書くにいたったか、その過程でパートナーの奥村博史《ひろふみ》が一九三六年上海を訪問して魯《ろ》迅《じん》の死に出逢い、内山書店の内山完造の案内で弔問、「魯迅臨終の図」を油彩で描いたいきさつや上海の洋画家陳抱一《ちんほういつ》と奥村との親交がらいてうの中国に対する見方に与えた影響、戦後中国への戦争責任を強く意識して単独講和反対の意思表示に踏み切ったいきさつ、そして湯川秀樹らも参加した「世界連邦」の思想と運動への強い共鳴などは、これまで『自伝』でもほとんど言及されてこなかった視点である。これらの検討を通じて、らいてうの平和思想を読み取っていただければ幸いである。

もう一つは、らいてう研究の新しい資料の発見と、これまでらいてう研究の資料として公刊された『平塚らいてう著作集』（以下『著作集』）についてのわたし自身の反省である。『著作集』は全集ではなく、編集委員会の選択によるものであった。わたしも編集委員の末席にいたが重要な資料の存在を知らず、編集委員会でも検討されなかったものがあることを後になって知った。それらは『著作集』の「掲載されなかった資料一覧」からも脱落している。その一つがらいてうの「汪兆銘政権支持」の文章であった（『輝ク』一九四一年二月一七日付）。わたしはそのことに責任を感じ、いくつかの論文を書くとともに『平塚らいてうの会紀要』（以下『紀要』）七号（二〇一四年）に全文を収録掲載し、その歴史認識の問題点を解明した。

これに先立って一九七二年に公刊された『元始、女性は太陽であった―平塚らいてう自伝』（全四巻）についても、編集者小林登美枝さんがあとがきで明記しているように、戦中戦後を扱った第四巻はらいてう生存中に完成せず、小林さんが「お話をうかがえなかった」部分については「遺された手帳、ノート、未発表原稿、その他の資料」によって補綴《ほてつ》し、らいてうの言葉以外に自分でつけ加えたものはない、と書いておられるが、その出典は明らかにされていなかった。うかがう機会を得ないまま二〇〇四年小林さんはらいてうのもとに旅立ってしまわれた。

二〇〇六年、小林さんの遺志でもあった「らいてうの家」オープン後、小林さんの手元に遺されたまま倉庫に保管されていた段ボール箱を開封したところ、らいてうの日記や書簡、手書きのメモなどの資料が含まれていることがわかり、それらの資料が『自伝』編集に使われたこと、特に戦中戦後にかけてらいてうがつづった何冊かの日記帳は『自伝』第四巻に引用され、貴重ならいてうの心象風景を推測させるものであることなどがわかってきた。それらのどの部分が『自伝』に使われ、どの部分が使われなかったかという検討は、らいてうの実像を明らかにするうえで重要な意味を持つと言えるだろう。わたしは日記を含む未整理の資料をできるだけ公開し、紹介することに努力した。

そこにたどりつくまでに一〇年以上かかった。さらに、それはもともと奥村家が保存してきた「らいてう資料」と一体であり、日記やダイアリーメモなども両方を合わせるとある程度年代を追うことが可能なこともわかった。奥村家の資料継承者である奥村直史さんとも相談し、らいてうの会にこの資料を読み解く研究会を呼びかけたが、続かなかった。一部はらいてうの会のホームページや『紀要』に収録掲載したが、すべての資料を整理公開することはらいてうの会では困難である。奥村さんからの申し出に、会も同意し、これらの資料は二〇二二年三月に一括して法政大学大原社会問題研究所に寄贈、整理公開をゆだねることにした。大原社研ではただちに目録作成に着手、二〇二四年三月に『平塚らいてう関係資料目録』を刊行した。現在これらの資料は公開されている。迅速な対応に感謝したい。

本書には、大原社研移管以前の未整理なままの資料がつかわれている。しかし大原社研の目録に合わせた資料の照合などはまにあわなかった。十全の再点検ができないことを申しわけなく思うが、わたしの現在の健康状態と年齢からいうと、この資料をもう一度検討し直す作業はできないと思う。それでもこのまずしい一書を世に問うことで、新しい資料が活用され、これまで触れられなかったらいてう像を知る手がかりにしていただければ望外の喜びである。新しいらいてう像と彼女の生きた時代を研究してくださる方が現われることをねがっている。

ここまで来るのに、吉川弘文館の岡庭由佳さんには前著に引き続きお世話になった。心から感謝したい。一方二〇二一年秋に夫松本四郎が突然倒れ、要介護認定を受けてリハビリを始めた後、二〇二三年はじめにはわたしも「在宅介護」の日々を送るようになった。訪問介護の報酬切り下げやヘルパーの人手不足などを目の当たりに見ながら、ヘルパーのみなさん、通所リハビリや訪問リハビリ、訪問医療・訪問看護担当の方がたに感謝あるのみである。闘病中の夫はわたしを叱咤激励、「世話にならない」と決めていたはずの娘や息子も応援してくれた。友人の女性史研究者石崎昇子さんは前著のときも今回も、「あなたなら書ける」と励ましてくれた。人はたくさんの絆に支えられて生き、老いと向かい合い、そして生を終えていくのだと実感している。らいてうが生涯後ろを振り向かずにつらぬいた「行き着くところまで行ってみよう」という精神を、わたしも持ち続けて生きていきたい。

目　次

第Ⅱ部　平塚らいてうの平和思想とその到達点

第Ⅰ部　平塚らいてうとその時代

一　平塚らいてうの社会構想——自然・協同・自治

はじめに

平塚らいてうは、近代日本女性史上著名な女性のひとりである。しかし、その評価は大きく分かれている。たとえば、小林登美枝は「『青鞜』とともに世に現われた平塚らいてうは、日本の近代的婦人運動の先駆者として、女性史上に輝く存在である」[1]と評価し、鈴木裕子は「自然への憧れ、神の国への憧れといったものが、天皇賛美につながり、らいてうの戦時下の『翼賛』思想を形成した」と述べ、戦時下のらいてうを「優生思想」「天皇制ナショナリズム」の担い手として批判している[2]。しかしそれらの議論には、しばしばらいてうのある一面だけを論じているものが少なくない。彼女の思想をトータルにとらえる必要がある。

平塚らいてうは若い時代に禅による「見性」を経験し、人間が自然と一体化する社会を構想した思想家であった。同時に彼女はそのような理想社会を観念としてだけではなく、現実生活の場において実現しようとした実践者でもあった。彼女にとって「生活」とは、恋愛・結婚・出産・育児・家事といった女性が日常的に負わねばならない「家庭の仕事」を離れてはあり得なかった。彼女は、宗教的な宇宙観とジェンダーの視点を結合した独自な社会構想を生み出そうとしたのである。

しかし、そこではしばしば理想と現実の矛盾があらわになり、現実社会とのミスマッチが起こる。それは少なくとも一九一〇年代の『青鞜』、一九二〇年代の「新婦人協会」、一九三〇年代の「消費組合」、そして一九三〇～四〇年代の「戦時下の発言」にいたるまで数回にわたって繰り返された。しかしらいてうは、あたかも巨大な風車に立ち向かうドン・キホーテのように現実に挑戦し続けた。それは戦後も一貫していたのである。

本稿ではこのようならいてうの社会構想が、その生涯を通じて一貫していたことを明らかにしようとするものである。特に、その構想が「協同自治社会」という最も鮮明なかたちで提示された一九三〇年代を中心に検討する。日本近代史における一九三〇年代とは「大正デモクラシー」時代と呼ばれた一九二〇年代に続く時代であり、世界恐慌の影響と拡大する戦争のなかで、日本の軍国主義化が急進展する時代である。この時代にらいてうが描いた社会構想の意義と問題点、および戦後へのつながりを明らかにしたい。

1　禅による「見性」――「自然と一体化する身体」という認識

平塚らいてうは、明治政府の役人であった父平塚定二郎と医者の娘であった母光沢《つや》との間の子として、一八八六年東京で生まれた。小学校卒業後東京女子高等師範学校付属高等女学校（お茶の水高女）

に進学、一九〇三年に卒業した後、成瀬仁蔵《なるせじんぞう》が一九〇一年に創立した日本女子大学校家政科に入学した。このとき父は進学に反対し、最後に「家政科なら」と許したという。らいてうは成瀬の「女子を人として教育する」方針に共鳴して入学したが、やがて学生が無批判に成瀬に傾倒することに反発、「自分はなにものか」という疑問を抱いて一九〇五年から禅の修行に入る。東京日暮里にあった両忘《りょうぼう》庵（迷いも悟りも二つとも忘れるという意味）の庵主釈宗活《しゃくそうかつ》の指導を受け、はじめに「父母が生まれる以前の自分自身とは何か」という「公案（テーマ）」をあたえられるが、すぐに応答することができなかった。ようやく別のテーマを得て「見性《けんしょう》（悟りを開く）」したのは女子大卒業後の一九〇六年夏であった。らいてうは、このときの心境を「第二の誕生」と呼び、「第一の誕生は、わたくし自身は知らないわたくしの肉体の誕生でしたが、第二のこの誕生は、わたくし自身の努力による、（中略）意識の最下層の深みから生まれ出た真実の自分、本当の自分なのでした」と述べている(3)。

それはなによりもまず「身体的解放」を実感させた。「見性」後のらいてうは「心は透明に澄み切り（中略）からだはあってもなきが如く」という解放感に満ち、「どんなところでも見てやろう」という気持ちになった(4)。この時期に青年僧中原秀岳《しゅうがく》に突然接吻したり、「心中未遂」とさわがれた森田草平との「塩原事件」などをひき起こす。これは男女間の恋愛というよりも「女でも、男でもない、わたくし」の自己認識を求める行為であったとみなされる(5)。らいてうは見性によって、女性が性について関心を持つことをタブーとした近代日本のジェンダー規範から自分自身を解放したのである。

しかし、明治期の日本では、これらの行為は性的スキャンダルとしてしか扱われなかった。メディアの攻撃にさらされた彼女は、長野県松本市郊外の高原に身をひそめる。ここで得たのが「自然と一体化する自己の身体」という感覚であった。彼女はこのときの体験にもとづく文章のなかで「(自分の身体を見ると)不思議なるかな。一面、純白な羽毛で蔽《おお》われている。つくづく見れば雷鳥だ」と自ら雷鳥に化身するイメージを語り[6]、また一九一一年の『青鞜』創刊の辞「元始女性は太陽であった」においても「あの重かった魂は軽く、軽く、私の肉体から抜け出して空にかかっているのだろうか」と身体から離脱する魂について述べている[7]。『青鞜』創刊時のらいてうは、自己の身体を文字どおり自然と一体化し、自然の一部になってしまう存在として認識していたのであった。

この認識は、一九一一年の『青鞜』発刊後、『青鞜』が日本の社会秩序を乱す「新しい女」の集団という非難を浴びたとき、「我々がかつて植物だった時、また動物だった時、我々は自然の圧迫のほか、なんの圧迫も知らなかった」と比喩的に述べ、そこに教育や習慣、常識などによって古い思想が植えつけられたと批判したところにも表れている[8]。らいてうは自己の身体の本来あるべき姿を「自然」ととらえることによって、ジェンダーとしての「女性性」を超越しようとした。それはじつは自分自身が女性であることの否定ではなく、近代天皇制国家が女性に強制した「良妻賢母」という性規範への反逆を意味していた。見性後のらいてうは、それまで女性にとって「タブー」とされてきた「性的好奇心」をさまざまなかたちで模索しはじめる。「塩原事件」の前後に彼女が森田草平と行なった論争は、「女性にも性欲があるか」というテーマであった[9]。海禅寺の青年僧中原秀岳との「最初の性体験」、また『青鞜』創刊後の尾竹一枝(紅吉)との間に交わされた「同性愛」体験等は、いずれも「性としての自己」を問う「セクシュアリティの探求」にほかならなかった。『青鞜』に執筆した数少ない男性でセクソロジストとして知られる小倉清三郎《おぐらせいざぶろう》は、女性の性的欲求も自然なものと説いたが、らいてうは彼に共鳴し、一九一四年ごろの思い出として「小倉さんと裸体クラブをつくる話をよくした」と書いている(10)。そこでは、女性も男性も既存の性道徳から解放され、「自然な存在」となることが空想的に語られている。

そのような「身体の自然」を実現する「場」を、彼女は一九一一年に発表した「『青鞜』創刊の辞」として知られる「元始女性は太陽であった」において、「私どもは日出ずる国の東の水晶の山の上に目映《まば》ゆる黄金の大円宮殿を営もうとするものだ」と表現した(11)。ここでは「水晶」というキーワードが、一種の宗教的な自然世界としてイメージされている。明治期の民衆宗教「大本教《おおもときょう》」の創始者出口《でぐち》なおはすでに一九〇四年、理想の平等社会を「草木も人民も山も海も光り輝いて（中略）月も日もモット光りが強くなりて、水晶のようにものが透き通りて見え出す」世と語った(12)。一九三〇年代に入るとらいてうは、大本教に関心を寄せるようになるが、それは肉体から離れた霊の世界への共鳴とともに、こうした清らかで硬質な「水晶の世」への共感もあったのではないかと思われる(13)。らいてうは『青鞜』創刊にあたって雑誌の題名に、黒耀石《こくようせき》を意味する『黒耀』というネーミングを考えていたというが、これも水晶と同じようなイメージである。

やがて『青鞜』参加者たちは、明治政府とメディアの双方から「新しい女」という非難を浴び、現実社会の「女性差別」に直面した。このときらいてうは自ら「自分は新しい女である」と宣言して、

「新しい女はただに（＝たんに）男の利己心の上に築かれた旧道徳や法律を破壊するばかりでなく、日に日に新たな太陽の明徳をもって心霊の上に新宗教、新道徳、新法律の行われる新王国を創造しようとしている」と書いた(14)。

ここにはすでに「新王国」という社会構想がある。しかしそれは、前記の文章のなかでらいてう自身「新しい女はいまだそれを知らない」と告白している通り、抽象的なイメージにすぎなかった。

2 「母性」の自覚と「社会改造」
――エレン・ケイの母性主義と「ハル・ハウス」の影響

平塚らいてうの理想とする社会構想は、観念的な「自然」状態を出発点としながらも、彼女自身の生活体験にもとづいてしだいに具体性を獲得していった。それは、奥村博（のちに博史と改名）との恋愛・結婚・妊娠・出産の体験である。らいてうは五歳年下の青年奥村博と恋愛し、一九一四年には法律上の結婚を拒否して共同生活をはじめる。これは、結婚とは女性が男性の「家《いえ》」に入るものという当時の「家制度」への抵抗であった。そして、結婚した女性は「家」の後継者として子どもを産むことが当然の義務とされていた時代において、「子どもを望まない」という態度を表明し、女性自身の「自己決定」を貫こうとした(15)。しかしやがて望まなかった妊娠に直面する。当時の日本では刑法の「堕胎罪」により、妊娠中絶はいかなる理由でも認められなかった。らいてうは、それでもほんとうに望まない妊娠ならば産むべきではないと考えるが、奥村との愛の結果である子どもを拒否することに疑問を抱き出産を決意する。この経験からエレン・ケイ（Ellen Key）の唱えた「母性主義」に共鳴していった。

「母性」あるいは「母性主義」は、「女性は子を産み育てるのが天職」という性役割論だという批判がある。一九一八年を中心にらいてう、与謝野晶子、山川菊栄、山田わかたちが論争した「母性保護論争」でも、らいてうは「国家による母性の保護」を主張、「国家主義者のようだ」と批判されたが、それは誤解で、むしろ今日の児童手当や育児休業に近い発想であり、社会保障という考えが定着していなかった時代の表現であった。

注目すべきことは、らいてうが一九一五年および一九一七年に出産したのち、この母性保護論争を経て一九一九年に市川房枝や奥むめおらとともに「新婦人協会」を起こし（発会式は一九二〇年）、女性の政治参加を求める運動を開始することである。新婦人協会は、一九二〇年から二二年にかけて「治安警察法第五条修正（女子の政治活動解禁）」と「衆議院議員選挙法改正（婦人参政権実現）」、および「花柳病（性病）男子結婚制限法」の制定を求めて請願運動を行なった。その結果、一九二二年に治安警察法第五条第二項の「女子の政治演説会禁止」条項のみが削除された（第一項の女性の政党加入禁止は存続）[16]。

新婦人協会の運動は、歴史的には婦人参政権運動とみなされているが、らいてうにとっては異なる意味があった。なぜなら、らいてうはたとえ制度上男女同権の参政権を獲得しても、女性自身が自己の権利を自覚する意識変革と、現行の政治システムの変革が伴わなければ無意味だと考えたからである。彼女は自分自身の子育ての体験から、母性が保障され子どもがよりよく成長する社会の実現を望み、第一次世界大戦がもたらした大量殺戮に反対した。一九二一年には、第一次世界大戦後国際連盟を舞台とする軍備縮小交渉が進まないことに疑問を投げかけ、「なぜ全人類が要求していることが、そして今や動かしがたき世界的輿論《よろん》となっていることが、実際問題として現実の国家の上に行おうとする時こうも多くの困難に遭遇せねばならないのでしょうか。もしそうだとすれば国家というものは少なくとも現実の国家は我々人類の敵だといわれはしないでしょうか。私どもはある定められたる国の国民であると共に、常に世界民であり、宇宙民であります。世界民であり、宇宙民である私共は、地上の全人類が相愛相助の共同生活を営むことを望み、またそういう生活を営みうるところの世界の制度組織を望んでいます」と述べている[17]。らいてうにとって新婦人協会は、母性を持つ女性の立場からこのような「社会改造」をめざす「場」として構想されたのであった。

その構想は、新婦人協会の「規約」に最もよく表われている。規約第二条（目的）は「婦人相互の団結、進歩向上、利益の増進、権利の獲得」をかかげ、第三条（事業）には「女子高等教育、男女共学、婦人参政権、婦人に不利な法制の改廃、母性保護等の実際運動」をはじめ、「婦人問題の調査研究、労働問題・生活問題等の講演会、婦人労働者の学校、婦人労働新聞の発行、健全な婦人労働組合の組織、事務所や教室・簡易食堂・娯楽所・運動場・図書館等を含む婦人会館の建設」などがあげられていた[18]。協力者であった市川房枝は自伝のなかで、初めて相談があったときらいてうが「婦人会館の青写真の図面を持参されたのにはびっくりしてしまった」と回想している。[19]

らいてうの構想のヒントになったのは、アメリカの社会福祉家・平和運動家で一九三一年ノーベル平和賞を受賞したジェーン・アダムズ（Jane Addams）が、一八八九年にシカゴに創設した「ハル・ハウス」（Hull House）であったと思われる。それはシカゴの貧しい人々のためにつくられ、幼稚園や成人教育などをはじめ、働く女性のための寄宿舎、労働組合、食堂やコーヒーハウス、さらにスポーツや芸術活動なども行なうセツルメントであった。[20] 山田わかは、「民主政治に交際という一つの仕事をつけ加え、貧富の区別をなくそう」というハル・ハウスの理想を紹介し、らいてうがハル・ハウスの成果を出発点として「今度の事業を起こされた」と推察している。[21] 一九二一年に渡米した市川房枝もハル・ハウスを訪ね、「平塚さんが計画した婦人会館のモデルと思われ興味があった」と述べている。[22]

しかしこうした女性の自主的協同の力による「社会改造」構想は、女性の社会活動の機会が少なく、ボランティアという考え方さえ根づいていなかった当時の日本では、ほとんど空想的なユートピアとみなされ、男性たちはもちろん女性たちにも理解されなかった。特にらいてうが中心になって進めようとした「花柳病男子結婚制限法」は、結婚にあたって性病にかかっていないことを男性に証明させようというものであったが、「実現不可能」「恋愛の自由の侵害」などと批判された。今日の研究では、この主張に「優生思想」の影響があるという点からも批判されている。しかし、当時日本では男性だけが妻以外の未婚女性と性交渉を持つことを公認した姦通罪や国家公認の「公娼制」によって、男性が商品として性を買う行為は当然とされ、その結果性病が蔓延していた。結婚後夫から性病をうつされても妻は抗議できなかった。らいてうは性病をうつされた母体から生まれる乳幼児の死亡率が高いことを知り、女性の権利と母性を守るために男性の無責任な行為にストップをかけようとしたのである。しかしこの運動は実らなかった。

同じように、らいてうが「母性保護」と「婦人労働者の教育」を主張したきっかけの一つは、日本の製糸・紡績工場で働く女性労働者の劣悪な労働条件と乳幼児死亡率の高さであった。らいてうが一九一九年に出版した『婦人と子供の権利』には、英国のメイ・テナント（May Tennant）による女性労働と乳児死亡の論文が紹介されている。(23) 新婦人協会の綱領に女性の権利だけでなく「婦人・母・子供の権利を擁護」とあるのは、こうした経過からである。そのために女性労働者自身が性の尊厳を自覚する教育が必要だ、とらいてうは考えた。しかし、このときすでに友愛会という全国的労働組合が結成され、一九一六年には友愛会婦人部が日本最初の労働組合婦人部として活動していた。社会主義者として労働者運動に近づいていた伊藤野枝《のえ》は、こうした考えを知識婦人の「余計なお世話」と決めつけている。(24)

このようにらいてうの構想は、当時の国会議員はもちろん、多くの知識人や新婦人協会のメンバーにも十分理解されなかった。議会では、多くの議員は新婦人協会の請願を受けつけようとせず、少数の支持者も女性の政治参加を「戦争の時は女性も国家に協力することが必要」という立場から賛成した。らいてうの社会構想は挫折し、新婦人協会は治安警察法第五条の修正（女性の政治的権利の一部である政治演説会への参加）を実現しただけで解散する。女性の選挙権実現という意味の婦人参政権獲得運動は、むしろその後市川房枝らによって本格的に展開され、働く女性の権利運動は奥むめおらが継承した。らいてうは、これらの婦人運動とは異なる道を進む。

3　「母性の王国としての協同自治社会」
――クロポトキン「相互扶助論」の受容

国際連盟発足後の一九二一年八月、らいてうは「軍備縮小問題」を書き、「(世界)平和維持の第一要件として最も重要な中心問題」は「軍備縮小ないし撤廃」と説いた。しかし各国は自国の軍備縮小に応じようとしていない。らいてうは、自国の利益のみを優先して軍縮に応じない国家に対し、「(そのような)現実の国家は我々人類の敵だと言われはしないでしょうか。私どもは或る定められた国の国民であると共に、常に世界民であり、宇宙民であります」と宣言する。(25)

この「世界民」思想こそ、その後のらいてうの平和思想の根本理念であり、戦後日本国憲法と「世界連邦思想」に共鳴する出発点であった。らいてうとほぼ同時期にカント学派の恒藤恭《つねとうきょう》が「世界民の愉悦と悲哀」(『改造』一九二一年六月号)を書き、「偏狭な国家主義、偏狭な民族主義を斥《しりぞ》け」る立場から戦争を批判、国民国家の相対化を示唆している点も注目される。(26) 第一次世界大戦後の国際的平和運動には、こうした「国境を越えた」世界平和思想の潮流がひろがっていたのである。日本でも有島《ありしま》武郎《たけお》がクロポトキンを敬愛し、宮沢賢治が「世界がぜんたい幸福にならないうちは個人の幸福はあり得ない」と書くなど、その影響は大きかった。

新婦人協会活動の途中でらいてうは病気になり、東京の自宅を売り払って「田園生活」に入る。一九二一年から二三年にかけて千葉県竹岡海岸の漁村、冬はすべてが凍りつく栃木県那須温泉、馬車で往来する栃木県佐久山の農村、栗拾いを楽しんだ栃木県塩原温泉、暖かな静岡県伊豆山《いずさん》温泉などを転々としながら生活した。(27) それは彼女にとって「自然回帰」ともいうべき体験であった。この体験はかつてのように孤独ではなく、夫とともに二人の子どもを育てる母親としての「田園生活」であった。らいてうは子どもたちが「大自然の中に放り出されて」あるがままの自分を取り戻し、生きいきと自分のことばで語りはじめたことに感動する。「子供はそれ自身純なものであり、美しいものであり、善きものである。子供の生命の中にはそれぞれ何かしらいい芽を潜めているに相違ないと思いました。わたくしは新しい生命それ自らが持つ自然の偉大な成長力を信じました」とらいてうは書いた。(28)

しかもらいてうは、もはや「自然と一体化する身体」を夢みるだけでなかった。子どもをよりよく育てるためには学校という「社会」が必要であった。かつての『青鞜』社員尾竹一枝は陶芸家富本憲吉と結婚し、らいてうと同じころ出産、富本の故郷である奈良県安堵《あんど》村で子どもを育てるが、子どもたちを地元の小学校に通わせず自宅に教師を招いて理想的教育を実行した。らいてうは「田舎の自然と友だち」が自分の子どもたちに与えた影響を評価し「子どもには友だちが必要だ」と考えていたので、村の子どもから切り離した一枝の教育方針には批判的であり、「うちの子供らにはどうも陽ちゃんや陶ちゃん（一枝の子ども）がお友達を持っていらっしゃらないことがよほど理解に苦しむことらしい」と書いている。[29]同時に彼女は子どもに「封建時代の服従道徳」や「軍国主義思想」を押しつける学校教育にも反対した。子どもが学校へ行く時期を迎えて東京に戻ったらいてうは、「自由なのびのびとした気分」があることと「国定教科書を使わない」という理由から、自由教育主義の私立成城小学校に子どもを入学させる。[30]

この「田園生活」を経て、一九二八年ごろかららいてうはクロポトキン（Kropotkin）の『相互扶助論』を読み、野生動物にみられる種の保存のための相互扶助が、人類にも適用されるべきであるという「相互扶助による協同自治の社会」という理想に共鳴する。彼女は、そのような社会の実現を期待して一九三〇年、東京の成城に消費組合「我等の家」を設立した。[31]

らいてうのクロポトキン受容の思想的意味は、次の二点である。

第一点は、いうまでもなくクロポトキンの「無政府」思想への共鳴である。すでに新婦人協会時代に「国家の利己心」を批判して「宇宙民」でありたいと書いたらいてうは一九二三年、首都東京に壊滅的打撃を与えた関東大震災に遭遇する。このとき東京の女性団体は思想信条を超えて東京連合婦人会を結成し、被災者の救援に協力した。らいてうは、廃墟から立ち上がる人々の助け合いを目撃して「これは私をよろこばせ、うれしがらせ、私の暗い心を明るい方へ転回していく」と述べた。[32]彼女は戦後もクロポトキンへの関心を持ち続け、一九七一年死去のときまで、病床に『相互扶助論』を置いていたという。[33]

それはたんにイデオロギーとしての「無政府主義」ではなく、現実の日本において搾取と貧困にあえぐ農民や労働者が自ら協同する生活共同体という構想として受け止められたのである。クロポトキンは『相互扶助論』のなかで、近代の「相互扶助」の実例としてフランスやスイスなどヨーロッパ諸国に存在する「共産村落」をあげている。たとえば農村における「共有地」の制度や「土地の共同耕作」、バターやチーズ等を共同生産し販売する「産業組合」等である。らいてうもまたこのような思想に惹かれ、生産者ではないが消費者の立場からの協同をめざして、自分が生活する東京世田谷の一角に「消費組合」をつくろうとしたのであった。

しかし第二点として、らいてうの構想にはより独自な視点があったことを指摘したい。彼女は母性および女性の権利実現の場として「協同自治社会」を構想したのであった。一九三〇年、らいてうは高群逸枝の主催する無産婦人芸術連盟に参加、その機関誌『婦人戦線』創刊号に「婦人戦線に参加して」という文章を書く。ここでらいてうはマルクス主義社会運動を「いたずらに男性の争闘本能を刺激し、階級闘争の激化に努め、資本家階級からその権力を奪取せんとする」運動ととらえ、「わたくし自身の本性（女心あるいは母心）との間に到底相容れない」ものと退けている。そして「争闘によらず専ら女性の掌中にある最も日常卑近な台所の消費生活を相互扶助の精神により協同の基礎の上に建て直す」という平和的な方法で「資本主義組織を確実、有効に切り崩しつつ同時に協同自治の新社会を建設していくこの運動こそ女性の生活と心情とに最も相応した」運動であると述べた。(34)

彼女は、このような消費組合運動の指導者の多くが男性であることを批判、各組合は「役員の半数を婦人とすることを提案」、自分自身も「我等の家」の組合長に就任した。[35] 組合の事務所は店舗を兼ね、らいてうはそこを「私たちの協力によってできた私たちの協同の台所であり、仕事場であり、社交場」と呼んだ。「社交場」とは今でいうコミュニティに近く、ここでは米や味噌などの生活物資をはじめ、農村から直接仕入れた野菜も販売し、らいてうの子どもたちも店番や伝票書きを手伝った。さらに長く続かなかったが「女中（maid）さんの夜学」を実施、洋裁や和裁、習字、時事問題などをとりあげたという。[36] ここにもかつてモデルとした「ハル・ハウス」のイメージが投影されているといえる。

このようにらいてうの協同自治社会構想は、自らの思想的出発点である「自然と一体化する身体」という観念を土台にしながら、そこにエレン・ケイの母性主義とクロポトキンの相互扶助思想を融合させ、さらにジェンダーの視点を取り入れて母性を持つ女性が「自治」の主体となることを提起するものとなった。

4　戦時下におけるらいてうの宇宙構想の幻想性

しかし、この構想は後に「共同幻想」という批判を受けることになる。[37] らいてうが消費組合に託した「協同自治社会」の夢は、その当時も「資本主義を変革することはできない」という批判にさらされていた。さらに一九三〇年代以降日本が軍国主義に傾斜していくなかで、国家に対抗する力を持つことはできなかった。消費組合「我等の家」は、東京の成城という小さな地域で、わずか一二〇人ほどの組合員によって維持されていたが、経営は赤字続きであった。それに加えて戦時体制のもとで自由な経済活動はしだいに困難になった。政治・経済・文化・教育等のすべての活動を国家統制の下に置こうとする「国家総動員法」が成立した一九三八年、「我等の家」はそれまで同じ地域で「富裕層を対象にしている」という理由から対立していた家庭購買組合に吸収合併されるかたちで終止符を打った。らいてうは約一〇年にわたって組合活動を推進し、最後の清算手続きも自分の手で行なっている。[38]『青鞜』も「新婦人協会」も、かたちの上では途中で放棄したとされるらいてうにとって、最も長期間にわたって持続した運動が消費組合運動――協同自治社会の建設――であったことは興味深い。

実際活動の場を失ったらいてうが、なおも理想社会を求めてたどり着いたのは、観念的な宇宙世界への回帰であった。一九三〇年代はじめに大本教に関心を持ち、その機関紙に「今の社会は余りにも現実主義的で理想主義的な所が希薄」という文章を書いたとされるが、[39]さらに一九三〇年代後半には「あらゆる宗教宗派を網羅した大同団結」を意味する「万教和協《ばんきようわきよう》」「万教帰一《ばんきようきいつ》」ということばを連発するようになる。キリスト教や仏教も含むすべての宗教の融合を意味することばは、かつて在学した日本女子大学校の創立者成瀬仁蔵が帰一《きいつ》協会を創立して「世界宗教の統一運動」を起こしたことにも影響されていった。らいてうは、女子大卒業後成瀬を批判したこともあったが、この時期には成瀬を「わたくしの精神上の恩師」と述べている。[40]らいてう自身自分の「信仰」について、「仏教のあるお宗旨」や「キリスト教、天理教、大本教、人の道」などといった「一つの宗教の信者」ではないことを強調している。[41]「宇宙民」という発想とも一致するものがあったと思われる。

同時にこうした宇宙的世界観が、一面では無政府主義的平等思想に通じるとともに、他面では戦時下の日本において天皇を唯一の神とする天皇制＝国家神道を肯定し超国家主義を認めることにつながり、日本のアジア侵略のスローガンとされた「八紘一宇《はっこういちろう》」「大東亜共栄圏」などを支持する方向を生んだことは否定できない。らいてうは消費組合解散後、一九四〇年代はじめにかけて「天照大御神《あまてらすおおみかみ》（日本神話上の女神）に、その生き通しでいられる天皇に絶対帰一し奉ること」といった文章や、[42]「全アジア民族が共存共栄の、一家のように楽しい平和な世界」の創生を説く文章を書く。[43]そこには日本が現実に行なっているアジア侵略についての認識はまったく欠落していた。「国家」の境界を超える発想が、「民族」自決権への無理解を招いたともいえる。大正期の母性保護論争でらいてうを「国家主義者のようだ」と批判、徹底した個人の平等を説いた与謝野晶子《よさのあきこ》でさえ、天皇の名において行なわれる日本の中国侵略に対して無批判であった。

この思想的危機をらいてうが自覚していたとはいえないが、戦後に書かれた『自伝』によれば、日米開戦の一九四一年一二月以降「強まる一方の戦争協力体制のなかで、わたくしはものを書く意欲を失い、自分がこの先あくまで権力に抵抗しぬいてゆける自信も、あやしくなってきました」という。[44]そこでらいてうが選んだのは、開戦後まもない一九四二年三月、姉の住む茨城県小文間《おもんま》村戸田井《とだい》に疎開するという道であった。日本はまだ戦争勝利にわいていた時代である。にもかかわらず大本教の信者だった姉が「東京は今に火の海になる」と言って疎開をすすめたのがきっかけだった。村の旧家の別荘の二階を間借りするという不自由な疎開先で、敗戦まで山羊を飼い川魚をとって食料にする生活であったが、半ば強制されたとはいえ自然の中で過ごした経験はらいてうの精神をいやす役割をはたしたといえる。一九四五年八月一五日、日本敗戦の知らせはここで知った。

5　日本国憲法との出会い

かつてらいてうとともに運動した市川房枝は敗戦直後の八月二五日に戦後対策婦人委員会を結成、一一月には新日本婦人同盟を結成する。だがらいてうはメッセージを送ったのみで疎開先にとどまった。『自伝』では食糧難のため畑づくりが必要だったと言っているが、敗戦後新しい時代を生きる思想の再構築を模索していたのである。

らいてうは、かつて自分たちが長年たたかってなお実現しなかったのに、「敗戦の苦汁とともに参政権が突如として、わたくしたち女性の手の上に、向こうから落ちてこようとしている」ことを「素直に喜びきれない」思いで受け止めた、と言う。(45) 昨日まで戦争を謳歌した人びとが、今日は平和と民主主義を語るという風潮を、らいてうは「自分で考えたのか」と疑った。一九四七年初頭に書いた文章では「自分自身を知る」ことの意義を説き、(46) 一九四九年には社会運動の指導者たちが「自我解放の努力を忘れ」「身のまわりの社会だけを美しいもの、自由と平和と、愛と正義の住みよいものにつくり変えようとする」のは「根を切って花だけを咲かそうとする」ものだと批判している。(47) こうした発言が、当時の民主的運動の担い手たちに「観念的」「運動に批判的」「保守的」と受け取られたとしても不思議ではない。らいてうは「過去の人」とみなされていたのではないだろうか。

らいてうが「東京へ帰ろう」と決意するきっかけは、一九四六年になって新憲法案を読んだことである。『自伝』では、二四条が「婚姻は、両性の合意のみに基」くとして「家制度」を廃止したことを喜ぶとともに、「それにもまさる大きな喜びと感動は、新憲法が第九条で、軍備の撤廃、戦争の放棄を全世界に宣言したこと」と書いている。「こうしてはいられない」という思いでらいてうは一九四七年春に帰京した。

このとき、らいてうを揺り動かしたもう一つの課題が「母性の権利（らいてうは「女性の特殊権利」と表現）」であった。「せっかくの新憲法が男女の平等とともに、母性と子供に関する権利を規定しない限り、婦人の完全な開放は望めない」と繰り返している。(48) じつは当時のらいてうは知る由もなかったのだが、日本国憲法草案を起草したGHQメンバーのひとりベアテ・シロタ・ゴードンによる原案には、らいてうの望んだとおり「妊婦と乳児の保育にあたっている母親は、既婚、未婚を問わず、国から守られる……嫡出でない子どもは法的に差別を受けず、法的に認められた子どもと同様に、身体的、知的、社会的に成長することにおいて機会を与えられる（第一九条）」と明記されていた（ほかに乳幼児医療費の無料化等もあったが、一九条を含めていずれも原案の段階でカットされた(49)）。

ベアテは、これらの条項をワイマール憲法やソ連憲法など世界の憲法を参考に書いた。このことは、らいてうのいう「母性の権利」が国際的にもすでに人権として認知されていたことを意味するだろう。

むすび——二一世紀における「平和思想」の課題とらいてう

らいてうは一九七五年の「国際婦人年」を見ることなく、一九七一年に亡くなったが、一九七九年国連で採択された「女性差別撤廃条約」には、女性の権利を明記した条項のなかに三ヵ所にわたって「子どもの権利が第一義的である」と書き込まれ、らいてうのいう「母性」が「生まれ出るいのちとしての子ども」の権利と不可分であることが認識されていた。一九八九年に国連で採択された「子どもの権利条約」にも貫かれている。

そして二一世紀の今、らいてうの提起した「女性がつくる平和」は国際社会において「平和構築におけるジェンダーの主流化」というかたちで認識されつつある。二〇〇〇年に採択された「女性と平和、安全に関する国連安保理決議一三二五号」をめぐる議論は、そのことを示唆するものである。[50]当時の国連安全保障理事会議長アンワラル・チャウドリー氏は「安全な戦争」のためではなく「戦争という選択肢そのものを世界から根絶するために」女性を紛争解決のすべてのレベルの意思決定に参加させる必要があると説いた。なぜなら「男だけの平和交渉は約束事（権力の再配分）で終わることが多いが、女たちは壊れた家や学校をつくり直し、子どもたちが安心して食べていける生活を再構築することを求める。これが真の平和構築だ」というのである。[51]

日本国内でも、東日本大震災と福島原発事故がもたらした危機的状況を打開するうえで「いのち」

の問題が大きくクローズアップしている。幼い少女が「わたし、大きくなったら赤ちゃんを産めるの？」と問う報道があったが、「いのちの危機」をはらむ原発問題に直面し、「いのちを産む」立場からの発言と行動が必要とされているし、現実に力を発揮していることは重要である。

晩年らいてうは成城の自宅の庭に自ら愛した擬宝珠《ギボシ》をはじめ、すすき、れんぎょう、つゆくさなど無数の野草を植え、野鳥を愛して中西悟堂《ごどう》と親交を結んだ。このころ「野の花野の鳥と親しむ」生活を夢みて信州四阿山麓《あずまやさんろく》の山林を手に入れるが、平和運動に忙しく、訪ねることさえできなかった。今、そこにささやかな山荘ふうの「らいてうの家」が建つ。戦時下の過酷な時代に「動揺し、迷い、もがき」ながら模索したらいてうが、人間を自然の一部とみる「いのちの無限生成」を信じてたどりついた平和思想は、社会主義思想や唯物論的な社会認識とは異なり、むしろアニミズムや「魂の実在」を信じる唯心論に近い発想であったと思うが、それが憲法を守り戦争に反対するという現実の選択に結びついたのである。没後五〇年以上たった今、筆者はらいてうの平和思想が二一世紀を動かす潮流になりつつあることを期待している。[52]

（1）小林登美枝『平塚らいてう』（清水書院、一九八三年）四頁。
（2）鈴木裕子『女性史を拓く　1』（未来社、一九八九年）一九一頁。
（3）平塚らいてう『元始、女性は太陽であった―平塚らいてう自伝』上（大月書店、一九七一年）一八七頁、以下『自伝』と表記。

（4）『自伝』上、一八八〜一八九頁。
（5）『自伝』上、二一九頁。
（6）平塚らいてう「高原の秋」（『青鞜』一巻三号、一九一一年一一月）九六頁。
（7）平塚らいてう「元始女性は太陽であった—青鞜発刊に際して」（『青鞜』一巻一号、一九一一年九月）四六頁。
（8）平塚らいてう「扃《とざし》ある窓にて」（『青鞜』三巻六号、一九一三年六月）一一六〜一一七頁。
（9）『自伝』上、二七三〜二七四頁。
（10）『自伝』下、五四四頁。
（11）前掲平塚「元始女性は太陽であった—青鞜発刊に際して」五一頁。
（12）安丸良夫『出口なお』（朝日新聞社、一九七七年）二〇七頁。
（13）井手文子『平塚らいてう—近代と神秘』（新潮社、一九八四年）二四四〜二五一頁。
（14）平塚らいてう「新しい女」（『中央公論』一九一三年一月号。『平塚らいてう著作集』一巻、大月書店、一九八三年、二五七〜二五九頁、以下『著作集』と表記）。
（15）平塚らいてう「独立するについて両親に」（『青鞜』四巻二号、一九一四年二月。『著作集』一巻、二九三頁）。
（16）坂本真琴「治警第五条修正運動の概略」（『女性同盟』一四、一九二二年六月）五〜一一頁。
（17）平塚らいてう「軍備縮小問題—バーディング氏の提議に就いて」（『女性同盟』一一、一九二一年八月、二八〜三一頁。『著作集』三巻、二三八〜二三九頁）。
（18）新婦人協会規約（『女性同盟』一、一九二〇年一〇月、五九頁）。

(19) 市川房枝『市川房枝自伝　戦前編』(新宿書房、一九七四年)五一頁。
(20) ジェーン・アダムズ『ハル・ハウスの二〇年』(市川房枝記念会出版部、一九九六年)参照。
(21) 山田わか「新婦人協会の創立とハル・ハウスの事業」(『婦人世界』一五巻三号、一九二〇年三月)二九～三一頁。
(22) 前掲市川『市川房枝自伝　戦前編』一〇七頁。
(23) メー・テンネント「母の労働と嬰児の死亡率」(平塚明(らいてう)『婦人と子供の権利』天佑社、一九一九年。上笙一郎編『日本〈子どもの権利〉叢書　九』久山社、一九五九年、二三九～二五五頁に所収)。
(24) 平塚らいてう「波紋(雑感)」(『女性同盟』五、一九二一年三月)二五頁。
(25) 『女性同盟』一九二一年八月号。
(26) 広川禎秀『恒藤恭の思想史的研究』(大月書店、二〇〇四年)参照。
(27) 『自伝』完(大月書店、一九七三年)二一四～二一六頁。
(28) 平塚らいてう「子供のことなど(一枝さんに)」(『婦人之友』一九二四年一〇月号。『著作集』四巻「ある母の手紙」五六頁)。
(29) 前掲平塚「子供のことなど(一枝さんに)」(『著作集』四巻「ある母の手紙」七〇頁)。
(30) 平塚らいてう「子供を成城小学校に入れたことについて」(『婦人之友』一九二六年三月号。『著作集』四巻、一八六～一八八頁)。
(31) 平塚らいてう「婦人戦線に参加して」(『婦人戦線』一九三〇年四月号。『著作集』五巻、一九八四年、一七三～一八二頁)。

(32) 平塚らいてう「都市経営に繋《かか》る女性の分け前」(『女性』一九二三年一一月号。『著作集』三巻、三四一～三四五頁)。
(33) 小林登美枝『陽のかがやき―平塚らいてう・その戦後』(新日本出版社、一九九四年)二五一頁。
(34) 前掲平塚「婦人戦線に参加して」(『著作集』五巻、一七九頁)。
(35) 平塚らいてう「消費組合と婦人の位置」(『婦人の友』一九三二年一〇月号。『著作集』五巻、二九七～三〇三頁)。
(36) 『自伝』完、二六八頁。
(37) 前掲井手『平塚らいてう』二三五頁。
(38) 『自伝』完、二七一頁。
(39) 前掲井手『平塚らいてう』二四九頁より引用。
(40) 平塚らいてう「まず万教和協せよ」(『時事新報』一九三六年四月二六日付。『著作集』六巻、一九八四年、一一七～一一八頁)。
(41) 平塚らいてう「私の娘時代」(『婦人公論』一九三五年五月号。『著作集』六巻、三一頁)。
(42) 平塚らいてう「日記抄」(『婦女新聞』一九四〇年一〇月二七日付。『著作集』六巻、三三〇頁)。
(43) 平塚らいてう「中国の若き女性へ」(『輝ク』一九四一年二月一七日付)。なお、この文章をめぐって、らいてうが汪兆銘政権支持に至る過程に影響を与えたと思われる事情については、本書第Ⅱ部の「新資料が語る「戦争の時代」とらいてう」を参照されたい。
(44) 『自伝』戦後編(大月書店、一九七二年)四頁。
(45) 『自伝』戦後編、三七頁。

(46)　「あなた自身を知れ」（『令女界』一九四七年二・三月合併号。『著作集』七巻、一八～二二頁）。

(47)　「このごろの婦人の傾向について―婦人解放と婦人の自我の解放」（『全人』一九四九年九号。『著作集』七巻、六八～七四頁）。

(48)　『自伝』戦後編、四〇～四一頁。

(49)　ベアテ・シロタ原案については、塩田純『日本国憲法誕生』（ＮＨＫ出版、二〇〇八年）参照。

(50)　拙稿「平和とジェンダー」（米田佐代子ほか共編『ジェンダー視点から戦後史を読む』大月書店、二〇〇九年。本書第Ⅱ部収録）。

(51)　ブログ「米田佐代子の森のやまんば日記」二〇一二年一一月四日付参照。

(52)　拙著『満月の夜の森で―まだ知らないらいてうに出会う旅』（戸倉書院、二〇一二年）。

（初出）「平塚らいてうの社会構想―自然・協同・自治」（富田裕子ほか編『国際的視野からみる近代日本の女性史―政治経済・労働・セクシュアリティ』慶應義塾大学法学研究会、二〇二〇年）および「いのちの平和―平塚らいてうの平和思想をめぐって」（『季論21』二二号、二〇一三年）より構成。

二 「大逆事件」から『青鞜』へ

――「わたしはわたし」というデモクラシーの探求

はじめに

二〇一一年は『青鞜』創刊から一〇〇周年であり、同時に「大逆事件《たいぎゃくじけん》」判決と死刑執行から一〇〇周年でもあった。二つのできごとが同じ年に刻まれたことは、たんなる偶然だろうか。

平塚らいてうの遺品のなかに、一冊の古びた書物がある。堺利彦《さかいとしひこ》著『婦人問題』（金尾文淵堂、一九〇七年）で、裏表紙に「幽月所有」とサインがあり、「大逆事件」の被告、管野《かんの》スガが獄中で所持していたものである。一九一一年一月、スガをはじめ幸徳秋水《こうとくしゅうすい》たちが死刑に処せられたあと、堺利彦が同志の遺品を引き取り、抗議の意味をこめてその書物に「大逆文庫」という蔵書印を押したことは知られているが、そのなかの一冊であった。らいてうは『自伝』で、堺がこれを一九二〇年三月の新婦人協会発会式に出席してらいてうに贈ったと書き、らいてうは亡くなるまで手元に保存していた。没後、NPO法人平塚らいてうの会が継承した。しかし、最近になってこの本に「青鞜社蔵書」という朱印が押されていることが注目されている。というのはこの本が、らいてうが『青鞜』編集にかかわっていた一九一三年後半から一四年にかけての時期にらいてうの手に渡ったのではないかという推測が生じるからである（この点については、本章の末尾に「付記」としてつけ加えたので読んでいただきたい）。

この本の存在は、一九一一年「大逆事件」の死刑執行と『青鞜』創刊の同時進行が、たんなる偶然ではなかったことを暗示させるものである。さらに最近、一九六一年九月『青鞜』創刊五〇周年にあたって、らいてうが当時の思い出を語ったインタビューテープが発見された。その要約は平凡社刊行の『世界大百科事典』の付録『世界大百科月報』一四（一九六一年一〇月）に収録され、またそれとほぼ同趣旨の文章が同年の『婦人公論』一一月号に「婦人運動五〇年をかえりみて―『青鞜』創刊のころ」と題して発表されているが、肉声の語りには活字だけでは伝わらない実感がある。

テープは整理中でまだ公開できないが、ここでは既発表の文章を含めて上記のテーマ解明に示唆的な部分を参照して、論を進めたい(1)。なお、これを含む「らいてう資料」は現在法政大学大原社会問題研究所に寄贈され公開されている。

一　時代が生み出した『青鞜』

『青鞜』は、一九一一年九月に日本女子大学校卒業生らによる「女流文芸雑誌」として発刊されたとされ、「冬の時代」の政治状況と無関係であったようにみられがちである。その理由の一つに、中心になった平塚らいてう自身、自伝で当時の自分について「社会や政治の問題を自分自身の問題として考えることもなければ、当時（一九一〇年）世上やかましくさわがれた幸徳事件についても……とくに関心はもちませんでした」と語っていることがあげられる。しかし、彼女たちが意識していなかったにもかかわらず、『青鞜』は、「大逆事件」の時代状況のもとで「女流文芸雑誌」として生まれなければならなかった、というのが本稿の問題提起である。

『青鞜』は、発足当時「青鞜社概則」を設け、「本社は女流文学の発達を計り、各自天賦《てんぷ》の特性を発揮せしめ、他日女流の天才を生まむ事を目的とす」と掲げた。これによって『青鞜』は「女流文芸雑誌」とみなされることになる。だが、少なくとも中心になったらいてうの思いは異なっていた。この「概則」自体、当初、らいてうの提案では「本社は女子の覚醒を促し」となっていたのを、発刊をすすめた生田長江《いくたちょうこう》が「女流文学の発達」に改めさせたのである。

らいてうは『自伝』で、「そもそも、青鞜社創立の決心からして自発的なものでなく、まったく生田先生の熱心なお勧めの結果」であり、「容易にその気になることは出来ませんでした。というのは、わたくし自身が、文学で身を立てようなどという気がさっぱりないからです」とも書いている。(2)なぜ生田は「女流文学の発達」および「女流文学の大家を賛助員とす」という項目を付け加えさせたのか。(3)

ここで浮かび上がってくるのが、「大逆事件」をめぐる知識人たちの動向である。石川啄木《たくぼく》、徳富《とくとみ》蘆花《ろか》ら多くの知識人が事件に憤りを感じたことは、よく知られている。『青鞜』創刊号に「山の動く日来る」の書き出しではじまる巻頭詩を寄せた与謝野晶子もこの年三月、『東京朝日新聞』紙上で「産屋なるわが枕辺に白く立つ大逆囚の十二の棺」と詠んだ。(4)

啄木は「日本はダメだ」と絶望しながらも、政治を語ることができない今、「名は文学雑誌で、従ってその名を冠し得るようなものしか載せる事は出来ないでしょうが、然《しか》し我々の意味では実は文学雑誌ではない」雑誌を出し、一年なり二年ののちにはじめて「文壇に表われたる社会運動の曙光《しょこう》」となることを期待しようとする。(5)『樹木と果実』と名づけられたその雑誌は、結局啄木の病気や印刷所の倒産などのため幻に終わるが、「冬の時代」に文学という名によって言論活動をすることの意味を示すエピソードといえるだろう。

生田長江も「大逆事件」に強く関心を持った一人であった。彼が事件にショックを受けて沈黙したことは、一九一四年四月に彼が中心になって発行した雑誌『反響』に「不正直なる沈黙」というエッセイを書いていることからも明らかである。(6)

その彼があえて「女流文学」に限定して雑誌を出そうとしたことに、啄木のような意図があったとは判断し難いが、少なくとも政治や社会問題にふれない「文学」を活動の場として意識したとみても不自然とは思えない。生田が「女流文学の大家」を賛助員とするよう提案し、じっさいに与謝野晶子らの参加を得たことも、無名の女性たちを世に出す意味もあったが、「女流文学」を強く印象づける役割を果たしたであろうと思われる。

だがらいてうは、「女子の覚醒」を提案したことについて、「青鞜社に集まった多くの文学女性のなかから、他日一、二のいわゆる女流天才が現われることを期待」するという意味ではないとし、「各自がすでに内にもっているはずの隠れた才能を、文芸の道を通じ、あらゆる抑圧を排して、外に現わそうということで、つまり自分たちみんながほんとうは天才であるということを、いおうとしたもの」と説明している。「なんでも心に思ったことを正直にどしどしいっているうちに、本当のものが出てくるのだ」というのが「女子の覚醒」の真意だったというのである。(7) らいてうは「文学といっても、自分を伸ばしたい気持がいっぱいだったので、そういう個人主義といいますか、自我思想が盛りあっていました。文学でもやろうという人は、みんなそういう気持をもっていた」と語っている。(8)

こういう視点から「元始女性は太陽であった」を読むと、『青鞜』創刊に先立つ一九〇八年のいわゆる森田草平との「心中未遂事件（煤煙《ばいえん》事件）」でマスコミのスキャンダル報道にさらされて以来、女性であるがゆえにいわれない攻撃を受けることに悩み、動揺しながらもそこから立ち直っていこうとする模索の過程の表現であることがよくわかる。「私は泣いた、苦々しくも泣いた、日夜に奏でてきた私の竪琴《たてごと》の糸の弛《たる》んだことを……私は天才に見捨てられた、天翔る羽衣を奪われた天女のように、陸に上げられた人魚のように」というくだりは、その思いを表現している。

しかし、その「苦悶、損失、困憊《こんぱい》、乱心、破滅総てこれらを支配する主人もまた常に私であった」という自己認識によって、らいてうは地に落ちた自己を取り戻すのである。(9)

そこにつらぬかれたのは、女性自身による「わたし」という個の主張であった。それは政治批判や社会的発言というかたちをとらなかった。しかし女性がこのように他に依存しない「わたし」という自己認識を持つことこそ、明治の天皇制国家にとっては許し難い反逆にほかならなかった。『青鞜』の女性たちは、自覚していたかどうかは別としてはじめからこのような国家権力とたたかわなければならなかったのであった。

2 「女の一騎うち」としての『青鞜』

一九六一年の『青鞜』創刊五〇周年にあたって七五歳のらいてうは、『青鞜』創刊当時のことを「時というものはつくづくおもしろいもので、かつてあれほどののしられ、あざけられ、憎まれ、嫌われ、また一部からおそれられもして、一度はもみくちゃにされた、この青鞜運動が、正しく理解され、そして評価されるのは、たぶんこれからのことでしょう」と回顧している(10)。

「大逆事件」が幸徳秋水ら無政府主義者抹殺をねらったフレームアップ事件であることは今日明らかであるが、権力による攻撃は、社会主義者や労働者・農民等に向けられただけでなく、女性に対しても向けられた。明治国家は、明治民法の「家」制度によって女性の財産権や離婚の権利等を否定しただけでなく、刑法上の姦通罪によって男女間の「姦通」に差別を設け、さらに堕胎罪によっていっさいの妊娠中絶を否定、公娼制の容認（それは膨大な「私娼」をも生み出した）と合わせて、性の尊厳を認めず、強姦や性の商品化などの性暴力を容認する社会構造をつくり出した。

このような性差別政策こそ、日本の軍隊が戦場においてもいわゆる「慰安婦」を必須とするような状況を生み出したのである。

日本の近代国家は、労働者や農民を抑圧する階級支配国家であると同時に、女性をその身体においても支配する性支配国家でもあったのである。『青鞜』は「性支配国家」としての天皇制とたたかったのであった。

『青鞜』は、一九一一年九月から一九一六年二月までの四年半の間に発売禁止三回、呼び出し注意一回、そしてらいてうの著書『円窓《まるまど》より』の発禁を経験した。「安寧秩序妨害」で福田英「婦人問題の解決」の三巻二号（一九一三年二月号）、「風俗壊乱」で「姦通」をテーマにした荒木郁「手紙」の二巻四号（一九一二年四月号）、「堕胎」の是非を問う安田皐月《さつき》「獄中の女より男に」の五巻六号（一九一六年六月号）が発禁、「家」制度を批判した平塚らいてう「世の婦人達に」の三巻四号（一九一三年四月号）は呼び出し注意を受け、『円窓より』の発禁は「世の婦人達に」を収録したのが原因とされている。

とくに一九一三年は「青鞜社第一回公開講演会」が大きな話題になったこともあって、文部省が反良妻賢母主義的婦人論取締り強化の方針を出し、内務省警保局長が『青鞜』を名指しで非難、「危険思想の撲滅に力《つと》むる」と宣言した年であった。発禁件数は激増したという。

『青鞜』の女性たちが自分自身をみつめ、自らのセクシュアリティにも踏みこみながら投げかけた「個」としての自己をどう生きるかという問いに対する非難攻撃は、権力者だけでなく、「新しい女」を揶揄《やゆ》し、おとしめるマスコミをはじめ、論壇、教育界などあらゆる方面からやってきた。(11)

らいてうは、前出の回顧録のなかで「わたくしたちは、今の女のひとたちのように、団結して、組織的な運動を起こすというような、そんな手段、方法への意識もまだ無く、その方法も知りませんでした……頼るものは自分ひとりの力と信念、ただそれだけ、ほかに何もありません」「多かれ少なかれ、ひとりびとりの実践でのたたかいで、一騎うちの直接行動でした」と書き、「そこに犠牲者や落伍者がでるのはやむをえませんが、それらの人々も、みんなそれなりに、意義はあったと思います」とも書いている。(12)

『青鞜』に繰り返し登場するのは、「わたしはわたし」という自己認識である。「手紙」を書いた荒木郁は別の作品で、「心ならずも男に連れまわされた」女性が死を前に、「私の心と身体を盗んだ」ものに対し「取りかえさない中に死ぬのは厭だ」と訴える小説「死の前」を書いた。同じく発禁の小説「獄中の女より男に」で、妊娠中絶（堕胎）した女性に「独り前の母になる丈《だ》けの力がない」ならば「親にならない外に道がありません」とし、「私は私の責任観念を果たすには伝《こ》うする外なかった」といわせた安田（原田）皐月は、これに先立つ「貞操論争」でも生田花世《いくたはなよ》とのあいだで烈しく論争、「私は私を生かす為に生きて居る。人間は一直線に進めばいいのである。……私は私である」と宣言している。自分に絶望し苦しんだはてに「自分の生をのみ否定してはいけない」ことに気がつき、「私には世界の誰にも代え難い、王公にも代え難い私自身と云う唯一つの生が与えられて居る」（「生き路」）という感想を書いた経歴未詳の本庄夏葉もいた。(13)

女性が自分自身に「王公にも代えがたい」価値を見出すこと――それは権力から忌避されただけでなく、それまでの日本の民主主義の主張のなかでもきわめて希薄な思想であった。女性の家庭内の地位やセクシュアリティに関わる権利の認識は、近代日本の民主主義運動のさきがけである自由民権運動においても、初期社会主義運動にも、その後の大正デモクラシー期の民衆運動においても可視化された課題とはなり難かった。『青鞜』は、この課題に先駆的に挑んだのである。

しかし、それはきわめて困難な道であった。『青鞜』は、一九一六年まで発行され、その年二月号をもって無期休刊、二度と復刊することはなかった。この『青鞜』終焉の意味を、これまでの論点との関連で検討したい。

3　時代がもたらした『青鞜』の終焉

華々しい出発をした『青鞜』は、「新しい女」と呼ばれて非難され、相次ぐ発売禁止処分もあって、経営難におちいる。運営を支えた社員たちが去った後、孤軍奮闘のらいてうが激務に耐えかねて若い伊藤野枝《のえ》に編集を譲り、やがて野枝は大杉栄と行動をともにして『青鞜』を放棄、『青鞜』は終わりを告げた――一般的にはこのように説明され、このときのらいてうの選択を「逃亡したい思い」だったとする見解もある(14)。

だが、『青鞜』の終焉が意味するものは、たんに個人的なやり取りの世界ではなかった。その出発がそうであったように、その終わりもまたすぐれて政治的な時代の動きがもたらしたものであった。

この経緯について、一九六一年らいてうインタビューテープでは、インタビュアーが文学志望だった最初の発起人たちのことを「伊藤野枝さんがおやりになるころになると『青鞜』をおやめになっているのでは」と質問したのに対し、「いいえ、それはちがいます」と明確に否定、文学発表の場を求めて『青鞜』に集まった人びとも、いわれのない非難に対して「社会とのたたかい」をせざるを得なかった一方で、文学をめざす社員のなかにはほかにも発表の場ができたり、原稿料を得ることも可能になってきたりしたこともあり、「『青鞜』に対する仲間の熱を落とすことにもなってきた」と語っている(15)。

しかし、一九一四年末に、らいてうが野枝に編集のすべてを委ねるにいたった事情は、それだけではない。一九一三年から一四年にかけて『青鞜』の周辺では、「冬の時代」を乗り越えて新しい社会運動を模索する動きが起こっていた。『青鞜』譲渡劇は、この時代の新しい動きと密接にむすびついていたのである。この点はすでに何回か論じたので、ここでは簡単に時代がもたらした『青鞜』終焉の意味についてだけ述べたいと思う。

『青鞜』は、一九一三年二月、「青鞜社第一回公開講演会」を開くが、これがマスコミに興味本位に取り上げられて「新しい女」への非難をいっそう拡大させていった。そのため青鞜社が予定していた文芸研究会も会場難や参加者不足に陥り、中止に追い込まれるのだが、その直後「生みの親」生田長江と絶縁するという事態が起こる。その年の秋には「青鞜社概則」を改め、「目的」を「女流文学の発達を計り」から「女子の覚醒を促し」に、また「賛助員」を「女流文壇の大家」から「文壇の諸先輩」という表現に改めている。どちらも当初生田の指示による部分の変更である。

生田はなぜ青鞜社と絶縁するにいたったのか。彼は公開講演会の直後にらいてうを非難し、自ら青鞜社と絶縁すると述べた手紙を阿部次郎に送っている。(16) それはなぜか。

このとき生田は、「冬の時代」を抜け出て政治や社会問題への発言をしたいという意欲に突き動かされていた。「大逆事件」で生き残った大杉栄や荒畑寒村《あらはたかんそん》らが一九一二年一〇月、雑誌『近代思想』を発刊したこと、また「大逆事件」直後に石川啄木とともに雑誌発刊を計画して果たせなかった土岐《とき》哀果《あいか》が、啄木亡き後の一九一三年一〇月に「現代の社会」と「実生活」に関心を寄せるとうたった雑誌『生活と芸術』を発刊したことなどが、「大逆事件」当時「不正直なる沈黙」を守った生田に刺激を与えたと思われる。

生田は、『近代思想』創刊記念の会合に出席し、やがて自らも森田草平とともに一九一四年四月には「政治上の時事問題」にわたる発言もするという雑誌『反響』を発刊する。その創刊の集まりには、大杉らと同様「大逆事件」連座を免れた堺利彦も出席していた。

生田は、とくに堺に対して深い尊敬の念を持っていた。同年夏に二人の間で交わされた「実社会論争」で、生田は、「大逆事件」以来個人と社会の関係を論じようとしなくなった文壇の傾向を批判、「自分をより善くすることによってのみ、社会をより善くすることが出来る」と同時に「社会をより善くすることによってのみ、自分をより善くすることが出来る」と書いた。この「社会をより善くする」ことこそ、「冬の時代」から「大正デモクラシー」への転換のキーワードだったのである。

こうした生田にとって、『青鞜』の中心にいたらいてうが意識的に追求してきた「わたしはわたし」という主張は「自分をより善くする」ことのみに過ぎず、社会的関心を持たないものとみえたのではないだろうか。

このことをもっとはっきり表明したのは、大杉栄であった。大杉は、『近代思想』誌上でも毎号のように『青鞜』批評を載せているが、そこでらいてうの思想は「ぼんやりした或所で既に固定した感」があり、「らいてう氏の将来よりも、寧《むし》ろ野枝氏の将来の上に余程嘱目《しょくもく》すべきものがあるように思う」と書いた(17)。

らいてうに対する批判は、岩野清《きよ》や生田花世ら『青鞜』の内部からも起こった。岩野がらいてうに向かって「書斎より街頭に出て頂きたい」と書いたのは「実社会論争」のすぐ後であり、「貞操論争」で社会批判を展開した生田花世もらいてうに「もっと社会的に拡張して下さるように」と頼んだという。それに対してらいてうは「(社会に対して) 私の方から何か働きかけようという気はまだ少しも起こりません」と断言している。大正デモクラシーのいぶきのなかでひろがった「社会へ！」という潮流に背を向けるようならいてうの姿勢が、大杉に否定的評価を書かせる原因の一つであったことは容易に想像できる(18)。

らいてうは、「自己をほかにして、私の心の中の世界を育てることをほかにして婦人問題も婦人の自覚も私にあるはずがない」と書いた(19)。それが『青鞜』出発のときからつらぬかれてきた女性自身による「わたしはわたし」の主張であり、女性が経済的にも思想的にも他者に依存せず自立することこそ、『青鞜』とらいてうが提起した女性の「デモクラシー」すなわち「個としての女性の人権」だったのである。

しかし「冬の時代」を乗り越えて胎動をはじめた「大正デモクラシー」の潮流のなかで、社会主義をめざす人びとの間でもこうした提起が十分生かされたとはいい難い、むしろ「階級的視点」を欠いた「小ブルジョア的個人主義」の主張として批判的に見られる可能性があった。このことがらいてうの「社会運動」に対する懐疑的な見方を生み出すことになったといえるのではないだろうか。

このとき野枝は、「社会主義運動の中に自分が飛び込んでも別に矛盾も苦痛もなさそうに思われる」と感じていた。[20] 一九一四年後半以降の『青鞜』が、大杉らの期待を背景に「社会派」として躍り出た伊藤野枝の手で編集されるようになったことは、こうした流れのなかでらいてうから野枝が「奪い取った」といってもいい。

らいてうが野枝に編集を委ねることを躊躇したのは、彼女が年若で経験がないからではなく、こうした葛藤があったことを理解すべきであろう。野枝が強い調子で「自分に全部任せて」と迫ったいきさつは、らいてうの「青鞜と私―『青鞜』を野枝さんにお譲りすることについて」(『青鞜』一九一五年一月号)に書かれている。このときらいてうはむしろ『青鞜』を「いさぎよく廃刊」し、「後日、時を得て、今度は、賛助員だの、女流作家の集団だのということでなく(中略)婦人問題を中心にした思想雑誌として再出発すれば」と思ったとも書いている。[21] それは実らずに終わった。

実際の『青鞜』は、野枝に編集が委ねられてから「貞操論争」「堕胎論争」「廃娼論争」と呼ばれる論争をはじめ問題提起の論考を多数掲載した。その功績は大きいが、長くは続かなかった。一九一六年二月号を最後に『青鞜』は発行されなくなり、そのまま終刊の挨拶もなく無期休刊となる。野枝が

辻潤《つじじゅん》を捨てて大杉を選んだとき、『青鞜』もまた放棄される途を歩みだしたのであった。(22)

むすび——『青鞜』再評価の視点

『青鞜』の終焉は、社会変革を求める大正デモクラシーの論理が、女性の「わたしはわたし」という「個としての人権」の主張に優越したことを象徴していたといえるだろう。「大逆事件」から「冬の時代」を駆け抜けた『青鞜』は、大正デモクラシーの担い手となった労働者や農民、被差別部落民衆や社会主義運動家たちのいわば「男のデモクラシー」が提起し得なかった「女のデモクラシー」を掲げて悪戦苦闘の末、幕を閉じたのだった。(23)

それから三年後の一九一九年、らいてうは市川房枝らとともに新婦人協会を立ち上げ、社会に働きかける活動を起こす。それは二児の母となったらいてうが、その体験に基づき、第一次世界大戦後の国際的平和運動の潮流をうけて自らの意思で選択した行動であった。一九二〇年の発会式で堺利彦がらいてうに管野スガ遺品の自著『婦人問題』を贈ったことは最初に述べたが、そのスガもまた、死刑宣告を受けた後「私は私自身を欺かずに生を終ればよい」と書き遺した。(24)その「わたしはわたし」の訴えは、立場の違いを越えてその後の時代を生きた女性たちに継承されていったのである。

しかし、民主主義思想と運動のなかに「個としての女性の人権」が定着するためには、戦後も長い時間と女性自身のたたかいを必要としたし、二一世紀の今も、未解決の課題だといわなければならない。その訴えのさきがけとして『青鞜』を再評価したいと考える。

（1）　この資料についての解説は、拙稿「『青鞜』の時代を読む」（『平塚らいてうの会紀要』四号、二〇一一年）参照。なお本稿の末尾に「付記」としてこの間の事情について補足してある。

（2）　平塚らいてう『元始、女性は太陽であった―平塚らいてう自伝』一巻（大月書店、一九七一年）三一八頁（以下『自伝』と表記）。ただし引用は文庫版による。

（3）　『自伝』一巻、三三四～三三五頁。

（4）　『東京朝日新聞』一九一一年三月七日（与謝野晶子『青海波』有朋館、一九一二年、所収）。

（5）　拙稿「『青鞜』と『社会』の接点」（『平塚らいてう―近代日本のデモクラシーとジェンダー』吉川弘文館、二〇〇二年）。

（6）　生田長江「不正直なる沈黙」（『反響』創刊号、一九一四年）一七～二一頁。

（7）　『自伝』一巻、三二五頁。

（8）　このインタビューテープは、らいてうの自伝編集者小林登美枝氏の遺品の中にあったもので、平凡社社員友野代三氏により収録された。拙稿「らいてうさんの声が聞こえる」（『婦人通信』二〇一一年七月号）参照。

（9）　平塚らいてう「元始女性は太陽であった―青鞜発刊に際して」（『青鞜』創刊号、一九一一年。『平塚らいてう著作集』一巻、大月書店、一九八三年、一七頁、以下『著作集』と表記）。

（10）　平塚らいてう「婦人運動五〇年をかえりみて―『青鞜』創刊のころ」（『婦人公論』一九六一年一一月号。『著作集』七巻、三九二～三九三頁）。

(11)『青鞜』の発禁をめぐる論考としては、池田恵美子「『風俗壊乱』の女性たち—発禁に抗して」(米田佐代子・池田恵美子編『『青鞜』を学ぶ人のために』世界思想社、一九九九年)。
(12) 前掲平塚「婦人運動五〇年をかえりみて」(『著作集』七巻、三九三・三九七頁)。
(13) 前掲拙稿「『青鞜』の時代を読む」。
(14) 井手文子『平塚らいてう—近代と神秘』(新潮社、一九八七年)一三四頁。
(15) 前掲注8らいてうインタビューテープ。
(16) 前掲拙著『平塚らいてう—近代日本のデモクラシーとジェンダー』。
(17) 大杉栄「婦人解放の悲劇」(『近代思想』二(八)、一九一四年)。
(18) 前掲拙著『平塚らいてう—近代日本のデモクラシーとジェンダー』参照。
(19) 平塚らいてう「『青鞜』と私—『青鞜』を野枝さんにお譲りするについて」(『青鞜』五巻一号、一九一五年。『著作集』二巻、二三一頁)。
(20) 伊藤野枝「青鞜を引継ぐについて」(『青鞜』五巻一号、一九一五年)。
(21)『自伝』二巻、二三一頁。
(22) らいてうは、前掲注8のインタビューテープの中で大杉のもとに行ってからの野枝が「本来は野性的な人」だったのが変わっていった、「男の人からの影響ですかね」と語っている(この点は『自伝』二巻でも「あの自然な、ピチピチした野枝さんとはうってかわった感じ」になったと書いている)。その批評の是非は別として、そこに「男の人からの影響」で動かされない、というらいてうの思いがあったことは確かであろう。
(23)『青鞜』創刊の辞「元始女性は太陽であった」の終わり近くに「私どもの怠慢によらずして努力の結

果『青鞜』の失われる日、私どもの目的は幾分か達せられるのであろう」という文章がある。『青鞜』は、火の出るような「努力の結果」失われたのであった。

(24)　管野スガ「死出の道艸」一九一一年一月（『管野須賀子全集』二巻、弘隆社、一九八四年、二六四頁）。なお筆者は、一九七二年に管野のこの文章を引用したときには、社会変革の具体的展望を持たない「個人主義」という視点から見ていた（『近代日本女性史』上、新日本出版社、一九七二年、一〇〇頁）。当時の歴史認識のありかたに規定されていたと自認している。「個としての女性の人権」に思いいたるには、その後の国際女性年の経験やジェンダー視点の導入などが必要であったと思っている。「デモクラシーの思想にジェンダーの視点を」といのが最近の筆者の課題である。拙稿「平和とジェンダー」参照（米田佐代子ほか共編『ジェンダー視点から戦後史を読む』大月書店、二〇〇九年。本書第Ⅱ部収録）。

（初出）『日本の科学者』通巻五二六号、二〇一一年一一月号。

（付記）管野スガの署名入り図書に押された「青鞜社蔵書」の朱印について

本稿は、『青鞜』創刊一〇〇年の二〇一一年に書かれたものである。その後二〇一二年に、当時わたしが会長を務めていたNPO法人平塚らいてうの会は、古書店を通して『青鞜』の原本を入手する機会を得た。この『青鞜』原本を調べる中で、本稿の記述の一部に訂正を要するかもしれないという疑問が出てきたので、その点を付記したい。

それは、一九二〇年三月にらいてうたちが新婦人協会発会式を行なった際、出席した堺利彦がらいてうに、大逆事件で死刑になった管野スガの遺品である堺利彦著『婦人問題』を贈ったという記述である。「幽月所有」というサインがあり、スガの刑死後、堺が遺品として引き取り、抗議の意味を込めて「大逆文庫」という朱印を押して保管していたものである。らいてうは自伝『元始、女性は太陽であった』（以下『自伝』と表記）のなかで、発会式の日の「忘れがたい」記憶として語っている。このことは、らいてうとは縁が遠いと思われていた社会主義者による、らいてうの運動に共感と激励の意味を込めての行動であったと評価されている。本稿でも『自伝』の記述に依拠してそのいきさつを書いた。

疑念というのは、この本の見返し部分に「青鞜社蔵書」という朱印が押されていることである。この本が一九二〇年にらいてうの手にわたったとすれば「青鞜社蔵書」という朱印が押されることはあり得ない。また『自伝』には、野枝に編集を委ねるときに「青鞜社の蔵書、雑誌もすべて引き渡した」とあるのに、この本だけがらいてうの遺品としてらいてうの手元に残されていたのはなぜか。それらが判然としないまま、『自伝』の記述を事実として受け取っていいかというのが疑問の出発点であった。

この疑念がさらに深まったのは、本稿執筆後の二〇一二年一二月、NPO法人平塚らいてうの会が、古書店を通じて『青鞜』の原本を五〇冊、重複分五冊を含めて五五冊入手したことによる。うち四九冊は合本されず数冊ずつ手製とみられる帙に納められて保存されていたもので、完全に原形のままバラで収集されたのではないかと思われ、残りの六冊は一九一二年一〜六月の各号が合本されたもので、帙入りのものと五冊分の重複がある。けっきょく発行された全五二冊中、一九一二年一〇月と一一月号の二冊が欠本であった。これは、原形のまま保存されている原本として現在分かっている範囲では天理大学附属天理図書館所蔵の五一冊（欠本一冊）に次ぐ。そして合本の見返しに「青鞜社蔵書」という朱印が押されていたのである。突き合わせてみたところ、両者の朱印はほぼ一致することが分かった。

歴史の事実について確たる証拠なしに憶測で判断することはできない。この合本が青鞜社所蔵であったかどうかということも、管野スガ遺品の本に押された朱印が青鞜社のものであるということも、推測に過ぎない。両者に同一のものと推測できる朱印が押されていることを整合的に説明できる事実は存在するのか。このことにこだわるのは、仮に管野スガの遺品が一九二〇年ではなく一九一四年末までの、らいてうが『青鞜』の編集にかかわっていた時期に彼女の手に渡ったとすれば、その時期に堺とらいてうに何らかの接点があったということになるからである。それは一九一四年という年がらいてうにとってどんな年であり、らいてうが伊藤野枝とどのようなやりとりを経て『青鞜』の編集を野枝に「譲った」のかといういきさつにかかわると思われる。あえて憶測の域を出ない考察を提示するゆえんである。

一九一四年のらいてうは、本稿でも述べたように奥村博史との法律婚に拠らない共同生活をはじめた年であり、そのために「野合」というスキャンダラスな非難を浴びていた。編集実務を担当していた保持研は六月に郷里へ帰り、他の社員も他の雑誌に活動の場を移すなどの出来事もあって、らいてうは広告とりにいたるまであらゆる雑務を背負い込み疲れ果てて「じぶん自身の心の世界が失われてしまいそう」な危機感におそわれた。

しかし、らいてうのこうした姿勢は大杉栄から「ぼんやりしている」と批判され、「らいてう氏の将来よりも野枝氏の将来の上によほど嘱目すべきものがある」と書かれることになる。同志であった岩野清や生田花世からも「社会に関心をもたない」「自分の内面のことばかり考えている」と批判され、いわば「四面楚歌」の孤立状態であった。そのとき野枝は「社会的な運動に飛び込んでもいい」という決心をしめしていた。野枝がらいてうに『青鞜』を任せてほしいと迫ったのはそうした背景があったのである。らいてうが『青鞜』を野枝に「譲った」ことを「無責任な放棄」とか「『青鞜』を私物化するもの」とみる意見もあるが、このときのらいてうは、時代の流れのなかで自分にとっての『青鞜』が終わりを告げることを受け入れる選

『婦人問題』の青鞜社蔵書印（NPO法人平塚らいてうの会提供）

択しかないことを予感していたのだと思う。『青鞜』と私―『青鞜』を野枝さんにお譲りするついて」（『青鞜』一九一五年一月号）はこの間の経緯をらいてうの視点から書いたものであるが、そこに辻潤が見た夢として「らいてうが湖水に身を投げて死に、しかし引き上げられて蘇生した」というエピソードが紹介されていることは、らいてうの『青鞜』がこのときいちどは水底に沈んで死に、だがあたらしい再生の道をたどることを予感させるいう意味で、象徴的である。

もしもこうした時期に、堺から管野スガの遺品である署名入りの『婦人問題』がらいてうの手に渡り、らいてうがそれをいったんは「青鞜社蔵書」として受け取りながら、野枝に青鞜社のすべてを引き渡すときこれを自分の手元に残したとすれば、それは『青鞜』終焉の後に二児の母となり、母性保護論争を経て新婦人協会という社会運動に身を投じるらいてうの思想と行動に何らかの影響をあたえたということができるかもしれない。らいてうが最初に新婦人協会の設立を呼びかけた「新婦人協会の創立に就いて」という創立趣意書は一九一九年一一月下旬に公表され、発起人は平塚明ただ一人、「婦人の力が一つの社会勢力になっていない」という事情を「深く察し、且つ考へ、終に私自身のの微力をも顧ず」「私といふ人物を御信じくださいます方」を募るとあり、一九二〇年三月二八日の新婦人協会発会式で配布された「新婦人協会の創立趣旨書」が「平塚明　市川房枝　奥むめを」の連名であるのとは異なっている（『平塚らいてうの会紀要』六号、二〇一三年）。

一九一四年は、大逆事件の「冬の時代」から、ようやく大正デモクラシーへの可能性が開けつつあったときであった。憶測に過ぎないが、もしらいてうの自己自身の確立を伴わないまま社会運動に加わることはできないという姿勢に対し、堺が大杉のようにらいてうを批判するのではなく、「社会に目を向けよう」というエールを送ろうとしたとすれば、それはらいてうにとって大きな意味をもったと言える。本稿で『青鞜』における「わたしはわたし」という女性の「個としての人権」という認識が大正デモクラシー運動のなかでかならずしも正当に評価されなかった歴史的限界によって『青鞜』は終焉したという仮説を立てたのは、近代日本のデモクラシーにおけるジェンダー認識のありかたを問い直す問題意識からである。「青鞜社蔵書」印をめぐる謎は解けないが、らいてうの思想と行動を再評価するうえでの示唆になるかもしれないと考えて付記する。

第Ⅱ部　平塚らいてうの平和思想とその到達点

一　新資料が語る「戦争の時代」とらいてう
——一九四二年の「疎開」をめぐって

はじめに

二〇一三年一月、ＮＨＫ（Ｅテレ）の「日本人は何を考えてきたのか」シリーズ最終回で「女たちは解放をめざす—平塚らいてうと市川房枝」が放送された。わたし自身もらいてう研究者として、またらいてうの家館長として前年秋から取材に応じた経緯がある。番組は二人の戦時下の言動を洗い出し、「女性解放運動のリーダー」がどのように戦争協力に組み込まれていったかを問うという立場から構成されていた。

わたしはらいてうの戦時下の言説についての資料を積極的に提示するとともに、そのとらえ方についても意見を述べたが、番組で紹介されたのは一部分であった。また、らいてう令孫の奥村直史氏からも、らいてうの戦時下の生活として重要なのは一九四二年以降ほとんど文章を書かなくなった「疎開」時代であると思われるのに、時間の制約とはいえその点が（疎開地への現地取材をしたにもかかわらず）まったく抜け落ちたことへの疑問が出され、ＮＨＫ出版での単行本化にあたっては奥村氏の意見を付け加える形で言及することになったいきさつもあった(1)。

番組は、戦時中だけでなく戦後の二人の活動もかなり紹介されて好評であったが、市川とらいてうの間には「戦争協力」をめぐってかなり異なる側面があるのに対し、まったく同列にみる番組評もあったことは否めない。とくに感じたことは、らいてうの戦時下の生活についてこれまでの論評では、一九三〇年代から「疎開」までの期間に書かれたものが主に分析の対象とされ、「疎開」時代については公表された文章が少なく戦後も『自伝』程度しかないことから、ほとんど空白とみなされてきたこと、そのためにこの時期のらいてう像が不十分なものになっているのではないかということであった。

この点は奥村氏も同感だったにちがいない。氏は『平塚らいてうの会紀要』六号（二〇一三年）に「平塚らいてうと一五年戦争―一九三一年～一九四一年を中心に」と題する論考を発表された。それは『著作集』や『自伝』の記述を読み直しながら、らいてうの一九三〇年代を戦争体制に呑みこまれようとする「動揺と、迷いと、もがきの一〇年だった」と表現、その結果としてらいてうは筆を断つ覚悟で「疎開」という選択をしたとみるもので、祖母らいてうに寄り添いながら、しかも冷静に時代の中で「翼賛」に揺れるらいてう像を的確にとらえる試論として一石を投じたといえる(2)。

本稿は奥村氏の提起を受け、戦時期のらいてうの生活と思想について、当時は未公開であった資料の紹介を含めて新たな視点で考察しようとするものである。当面の関心は、らいてうがなぜ日米開戦直後の一九四二年春に「疎開」の決断をしたか、という点にある。そのいきさつについてはすでに

『自伝』第四巻に書かれている。[3]。ただ、それは戦後の記述という点も含めてさらに検証を深める必要があるといえるだろう。

その検証を可能にするのではないかと思われる資料が保存されていることがわかったのは最近である。ここで仮に「らいてう資料」と呼ぶのは、らいてう『自伝』の編集者であった小林登美枝が保存していたもので小林の没後「平塚らいてうの会」が継承した資料で、雑誌・新聞等の切り抜きなどのほかにらいてうの日記やメモ、原稿下書き、書簡等の生資料が含まれている。

しかし、奥村氏の問題提起と同時に、最近あらためて高良《こうら》とみや市川房枝ら女性運動のリーダーたちの戦時下の言説や行動についての研究がすすんでいることを考えると、らいてうについても可能な範囲で「戦時期のらいてう」を資料によって明らかにする作業は急務ではないかと思われる。(4)そこで、限られた条件ではあるが、これら未整理の資料のなかから一九三〇年代以降一九四二年の「疎開」にいたる時期の資料数点を紹介し、「戦時期のらいてう」像を探る一歩としたい。

とくにここで取り上げたいのは、「疎開」決断の前年である一九四一年を中心とする「日記」および疎開中の一九四三年から四四年にかけてではないかと推定される断片的な「日記」ふうのメモと、わずかではあるが「疎開」中に家族に宛てた書簡数点である。それらはいずれも判読困難な部分や年代確定が定かでない部分を含み、またかなり個人的な記録という事情もあって、ご遺族の意向に配慮する必要もあることから、ただちに公開できる状況ではない。しかし読み取れる範囲でこれらの資料を引用しつつ、筆者の視点からの「戦争の時代とらいてう」についての試論を提出したい。

1　満洲事変とらいてうの立場

前掲奥村論文によれば、一九二〇年代終わりにはすでにらいてうの「動揺」が始まっているとされている。筆者は以前、らいてうが一九三〇年以降、居住地で消費組合運動に参加した時期にはまだ「動揺」は見られず、一九三一年の満洲事変開始当時は戦争に対しても批判的であったこと、一九三七年の日中戦争開始以後一九三八年の国家総動員法制定にいたる過程で、消費組合も自主的な物資確保ができなくなり、これまで「対立的立場にあった家庭購買組合」に吸収合併されたころから「動揺」が起こった、という見方をしてきたが、たしかに言説の細部を見れば奥村氏の指摘にもうなずけるところがある。(5)満洲事変は、その後「満洲国」建国（一九三二年）、日本の国際連盟脱退（一九三三年）と急速に展開していく国際的対立の激化と「総力戦」に向けての「国家総動員体制」への一歩だったことは事実だからである。(6)

らいてう自身は戦中戦後を通じて、満洲事変までは女性運動も「婦人公民権」の実現など一定の成果を上げていたが、それ以後「戦争一色になっていった」とみていたと思われる。戦後の一九四八年一月、らいてうは市川房枝の公職追放解除要請文をアメリカ占領軍宛てに出しているが、そのなかで「同年（一九三一年）九月満洲事変が突発し、これを契機として反動的な思想が有勢《ママ》になり」と書いている。(7)また同時期にアメリカ占領軍の啓発映画について意見を述べた文章でも、「満洲事変が突発し、それ以来はいはゆる軍国主義一色にだんだん塗りつぶされ、政治力といふものを全然持たない婦人は何としてもこれに抗する力を欠き、終に戦争状態に引き入れられてしまひました」と書いている。(8)これらは戦後の記述であるが、最近発見された一九四二年一月刊行の単行本『女性新道』に掲載されているらいてうのエッセイ「山の手娘とモダンガール」は、「大正から昭和の初めにかけて、女の生活も、時代の激流の中で、甚だしく混迷に陥り、華やかな明るいものの中に暗い影を包むやうになってきました」とあり、続けて「そこへ満洲事変が突発しました――それが昭和六年です」と唐突な終わり方をしている。(9)一九四二年はじめといえば、すでにらいてうが「疎開」に向けて動き出していた時期と思われるが、この本の他の筆者たち（奥むめおや市川房枝らを含む）が戦時下女性の国策協力について語っているのに比べると、満洲事変以後の情勢について全く語っていないのはむしろ奇異な感がある。当時のらいてうにとっても、満洲事変以後の一〇年間は語りたくなかったのだろうか。

ここで、らいてうが満洲事変勃発にあたって発表した意見をめぐって、評価が分かれていることも指摘しておきたい。それは『朝日新聞』が一九三一年一一月一八日付で「婦人の立場から満洲事変を観る」と題する特集を組み、平塚らいてう、高良富子、吉岡弥生、市川房枝の四人の談話を載せた記事である。らいてうは「人類的立場で婦人は観よ―無自覚からさめて」というタイトルで登場、「抽象的な平和運動ではなくて、具体的な方法で、（中略）もっと大きな人類的立場から、何かすることは無いものかと思ってゐます。婦人から見てずゐぶん困った空気が濃厚になりつゝあると思ひます」と書いている。この一文について高良留美子は、四人のうち吉岡以外の三人は「満洲事変に反対」ととらえ、しかしらいてうが「人類の共存共栄の大きな立場があるはず」としながら「満蒙がなくてはならぬものである以上、正義にかなった主張を立派に全世界に対して出来るはず」と述べた部分については「満蒙の日本にとっての必要性を認めてしまう弱さがある」と指摘している。(10)一方、進藤久美子は吉岡弥生と並んでらいてうを「満洲事変肯定の立場」とし、「反対」は市川・高良の二人のみとみている。らいてうを「肯定派」とみる理由は、前述の「満蒙がなくてはならぬもの」とした点であり、そこから「婦人がしなければならぬ大な仕事が、その時がやってきた」という文章を事変への積極的関与を説くものとみたからである。(11)この文章は文体から見て、らいてうが書き下ろしたものかどうか、あるいは談話筆記ではないかとも思われ、論旨も歯切れが良くないが、「権益とか条約とかいわず」「人類的立場で」というところに満洲事変への批判的視点がみえると受け取れる。

らいてうにはもう一つ満洲事変についての論評として、『都新聞』一九三一年一二月二七日付「満洲事変と婦人たちの態度」がある。(12)ここでらいてうは冒頭に「女子青年団、愛国婦人会等の反動婦人団体をはじめ、各地の所謂《いわゆる》中堅婦人団体、全国女学校、女子専門学校等は、いづれも無条件に満蒙に於ける軍事行動を支持し、謂《い》ふところの『愛国的立場』から、一斉に出動将卒への慰問金品の募集、慰問袋の作成、発送、慰問使の派遣、出征軍人家族の救護等々に活動し」ている今、「知識婦人」が「不思議な沈黙を続けてゐるのはどうしたことか」と書いている。もちろん「日本婦人平和協会、基督教学生の女子平和協会、関西婦人聯合会などは、国際平和主義の立場から武力行動を否定し、国際正義心による日支両国の親和を要望し、国際聯盟の公正なる活動を切望する声明書を発表し」たことを認め、「婦人矯風会《きょうふうかい》も亦《また》同じく平和主義の婦人の立場を諸外国人に了解して貰《もら》ひたい」と活動していることも指摘しているが、ここで批判されているのは「社会主義・共産主義系の女性たち」である。これまで社会主義・共産主義を標榜してきた婦人たちが、国民世論が圧倒的に「盲目的愛国熱に興奮し、輿論《よろん》は出兵を是認し軍事行動を支持し」という状況であるにもかかわらず、「それらに対する一定の抗争も試みやうとはしない」のはなぜか、と批判する。

この点は、満洲事変をめぐって社会民衆党や全国労農大衆党などの無産政党が「満蒙確保は日本の生存権上必要」「自衛権の発動」「満洲事変は満洲の権益を資本家の手から労働者農民の手に奪還するもの」などとして支持に走ったことを反映していると思われる。この無産政党の「変節」は、堺利彦や吉野作造らからも強く批判された。らいてうもその視点でこの文章を書いたとみていいだろう。このとき、非合法活動下の共産党は「帝国主義戦争反対」をビラ等で強く訴えたが、それをらいてうが目にする機会はなかったにちがいない。

しかし、ではらいてうが明確に中国侵略戦争としての満洲事変に反対したのかというと、そこはあいまいである。無産婦人たちの「沈黙」は、これまでの「世界平和」や「国際正義」の主張に「今迄のやうな一本調子で行けない」という不安があるからではないか、「矛盾、懐疑、不安、混迷、これらのものが彼女等に重苦しい沈黙を余儀なくさせてゐるといふその心的状態」があるからではないか、とらいてうは言う。そして「是等の婦人たちが、現実に対する認識に基づいて、自分たちの思想を再吟味、再検討した時、さうして国際的の或は階級的の任務と国民的の任務との間の矛盾を克服した時、満蒙問題に対する婦人の具体性をもつ力強い声がはじめてきかれるのではないかと思ふ」というのである。文中「国民的任務」の部分は生原稿の原文では「国家的乃至《ないし》国民的の任務」とあるうち「乃至国民的の」の部分は抹消されて「国家的」のみが生かされているが、新聞発表では「国民的」と表現されている。では「国際的・階級的任務」と「国民的任務」との間の「矛盾」とは何を指すのか。

このとき高群逸枝《たかむれいつえ》が満洲事変について書いた文章はもっとあけすけに「満洲権益もまた、いづれ国内の資本家を克服して、覇権を握るといふ見通しの上に立つ時には、取りも直さず日本無産者の権益でもありうる（中略）かうなると資本家のための戦争が同時に無産者のための戦争でもあるといふ論理も成り立つ」とし、マルクス主義が階級闘争を原理としている限り、戦争を否定することはできないという論を述べている(13)。

それとは異なり、らいてうは戦争を容認する立場ではなかった。一九三一年までにらいてうが書いた他の文章を振り返ってみよう。一九二一年、らいてうは国家の利益のみをかかげる「武力偏重」を排し、そのような「国家」は「人類の敵」と断じて自ら「世界民」を宣言した(14)。一九二八年には山東出兵以来の日本の対中国強硬策に対し「左右両翼の無産政党はすでに帝国主義ブルジョアジーの対支政策に断然反対を声明」しているのに「婦人団体はなお死のごとく黙し続けています」と批判した(15)。同年二月の第一回普通選挙にあたってらいてうは、婦選獲得同盟が既成政党に依存した運動をしてきたことを批判、「婦選をその綱領に掲げるところの無産政党をためらうところなく応援せよ」と書いている(16)。その後らいてうはクロポトキンの無政府主義に共鳴して相互扶助による「協同自治社会」構想を抱くようになり、実際に居住地の成城で消費組合活動に熱中、医療組合活動にも参加している。[17]彼女が「社会主義・共産主義」を掲げる女性たちに投げた批判の真意はこの辺の事情から推察できるように思われる。

らいてうは、第一次世界大戦の経験と自らの出産体験によって母性主義に立つ平和思想にめざめたのだが、一九一七年のロシア革命によって誕生した社会主義国家に対しては批判的であった。消費組合参加にあたっては明瞭に「マルクス主義社会運動は、第一その運動方法において、第二にそうして実現されるマルクス主義の社会組織形態において、わたくし自身の本性（わたくしの個性とわたくしがもつ女心あるいは母心）との間に到底相容れないあるものを感知させ」るという批判を持ち、「争闘によらずもっぱら女性の掌中にある最も日常卑近な台所の消費生活を相互扶助の精神により協同の基礎の上に建て直す」社会構想を提起、武力行使によって権力を奪取するという「暴力革命」を否定した。[18]このときらいてうは、共産主義者と合法無産政党として登場する社会民主主義者をほとんど区別していなかったのではないかとみられる。

これらを背景にらいてうの文章を見るとき、満洲事変に際してらいてうは「満蒙権益」が日本にとって必要であるという認識からは脱却していない。しかし戦争そのものには反対であり、無産政党のなかにひろがっていた「労働者農民の立場から満洲事変＝戦争支持」論に反対する立場から「階級的立場と国民的立場の統一」をはかり、「日支両国の親和」「人類の共存共栄」を求めるところに「人類的」意義を見出そうとしているように思われる。それを侵略戦争としての満洲事変支持とみるのは当たらないが、同時に「満蒙権益」を前提にして中国と「親和」し、戦争を阻止しようと考えたとすれば大きな錯誤だといわざるを得ない。のちにらいてうが満洲事変以後女性も戦争に引き入れられていったと書いたのは、自身の体験からの実感でもあったのではないだろうか。

その後日中全面戦争にいたる過程で、中国では国民党と共産党の間で抗日統一戦線が成立し、日本は汪兆銘《おうちょうめい》政権という傀儡政権を樹立して「和平」の名のもとに中国侵略を推進した。しかし、このとき日本国内にも中国との戦争を回避し、和平を求めようとする動きがあったことも事実である。そして一九四一年二月、らいてうは汪兆銘政権に「アジアの平和」を期待する文章を書いた。その伏線としてこの満洲事変をめぐる発言は重要ではないかと思われるので、後述する。

2　『輝ク』におけるらいてうの発言

『輝ク』は、『女人芸術』の終刊後、長谷川時雨《しぐれ》が「輝く会」を組織して発行した四ページのリーフレット（月二回刊）で、一九三三年から時雨死去の一九四一年まで、一〇二号にわたって刊行された。『女人芸術』と同じように女性作家・評論家など多くの著名女性を幅広く集め、プロレタリア作家宮本百合子や築地小劇場に参加した俳優山本安英《やまもとやすえ》らも参加した。それが一九三七年日中戦争開始のころからいわゆる「銃後《じゅうご》活動」に傾斜、慰問袋づくりや「靖国の遺児」を励ますための「白扇揮毫《はくせんきごう》」、傷痍軍人の慰問などを行ない、従軍作家林芙美子《はやしふみこ》、吉屋信子《よしやのぶこ》らの活動も伝える役割を果たした。(19)

らいてうが一九三七年以降『輝ク』に書いた文章は以下のとおりである。

①一九三七年一一月一七日付「皇軍慰問号を読む」
②一九三九年八月一七日付「遺児の日記念」揮毫
③一九三九年九月一七日付「ニッポン機に贈る」短歌
④一九四〇年四月一七日付「九段対面の日」白扇揮毫
⑤一九四〇年一一月一八日付「紀元二千六百年頌」
⑥一九四一年二月一七日付「中国の若き女性へ」
⑦一九四一年四月一七日付　白扇揮毫

このうち、①「皇軍慰問号を読む」、⑤「紀元二千六百年頌」、⑥「中国の若き女性へ」がまとまった文章であり、そのほか②③④⑦は短歌である。①では「皇軍兵士」を讃えた岡本かの子の文章に共感して「皇軍勇士の心境に神を見、彼らが現人神にまします天皇陛下に帰命《きみょう》し奉ることによって、よく生死を超越し」と書き、⑤では、この年が「紀元二千六百年」にあたり、大々的な祝典が行なわれたこと、高群逸枝の『女性二千六百年史』も刊行されていることを受けて[20]「(二千六百年)このあひがたき祝典にあひ、みたみわれのよろこびはいや高く」と書く。[21]この天皇への「帰一」意識は、もともと自己自身のうちに神を見出してきたらいてうの宗教的意識によるところが大きく、国家権力としての天皇制とは異質であったとみるべきだと思うが、それにしても一九二〇年代から三〇年代初めにはある程度封印されてきた意識を、この時期には公然と語ることができるようになったのである。それが総力戦体制のもとで「聖戦」意識と結びついてあからさまに書かれたことの意味は小さくない。

しかし、前述の満洲事変に対する見方と関連して重要なのは⑥ではないか。[22]前年の一九四〇年一一月に江兆銘政権との間に結ばれた日華基本条約を支持し、この条約によって「古い歴史をもち、長い文化の交通のあるこの二つの国の関係は、神から命ぜられた本然の相に還りました」と述べ、両国の「尊い握手の上に築かれる東亜の新秩序、更に全アジアの独立解放の輝かしい歴史の生成を夢みて」と書く。「アジアがアジア人のアジアとなり、全アジア民族が共存共栄の、一家のやうに楽しい平和な世界を創生するまで」で結ばれるこの文章は、同時期に『輝ク』誌上で展開された一連の「中国女性と手をつなごう」というキャンペーンの一つである。すなわち長谷川時雨「輝華会」(一九四〇年一〇月一七日付)、徳澤献子「日本の一女性から中国の女性へ」(一九四〇年一一月一七日付)、黒田米子「中国の女性に贈る詞」(一九四一年五月一七日付)と続き、いずれも中国との平和友好を願う立場から日本政府の中国政策を支持する内容である。

このように当時の『輝ク』には「日支親善」という論調が満ちみちていた。らいてうだけでなく、ここに登場した女性の多くは武力行使としての戦争に反対し、アジアの平和を望んでいた。しかしこのとき日本政府が掲げた「東亜新秩序」という名のもとに進行したアジア支配の野望に、疑問を持たなかったのである。

3　奥村博史『魯迅臨終の図』をめぐって

らいてうはなぜこのような認識に立ちいたったのであろうか。すでに述べたように彼女は第一次世界大戦後、国家の名において行なわれる武力行使と軍備の保持に反対する平和思想にたどり着いていたが、同時にそれは共産主義思想と社会主義国家に対し「階級闘争は暴力的」とみる批判を内包していた。日本の中国侵略を前に中国共産党が呼びかけた抗日民族統一戦線は、一九三六年の西安事件から一九三七年の日中全面戦争を受けて国民党の受け入れるところとなったが、後述するようにらいてうにはこの「抗日」戦争の意味が理解し難かったと思われる。

らいてうの「日支親善」意識に影響を与えた出来事として、一九三六年に夫の奥村博史が上海へスケッチ旅行したことがかかわっているのではないだろうか。彼は作家の魯迅が病気で亡くなった日に偶然上海にいて、内山書店の主である内山完造《かんぞう》に伴われて魯迅宅を弔問、デスマスクをスケッチして油彩画に仕上げ、魯迅夫人の許広平《きょこうへい》に贈呈してきたというエピソードである。(23)これだけではなく、博史はすでに上海では抗日運動が激化していたにもかかわらず中国の民衆に親近感を抱き、柳宗悦《やなぎむねよし》の民芸運動と同様に中国の日用雑器に限りない美しさを見出してやまなかった。家族が心配しても、なかなか帰国しなかったという。こうした中国への親近感が「日支親善」をたやすく受け入れる素地になった可能性もあると思われる。

とくに博史は上海で最初に油絵を取り入れた洋画家陳抱一と知り合い、終生親交を結んだが、その妻は日本人でらいてうとも書簡を交わし、戦争末期に陳抱一が病死した後の戦後日本に帰国してきてからもつながりがあった。らいてうが一九三八年に書いた「Y夫人の夢」という文章は、陳夫人のことを書いたものである。(24) これによると、らいてうは博史の上海滞在中に陳夫人から手紙をもらったこと、最初の手紙は博史の上海到着後まもなくで、抗日運動が激化しているが「ご主人のお身の上をさぞ案じていられるであろうが……実際は心配無用である」と書いてあったのに、それから一ヵ月余り後に届いた長い手紙には、「以前親日家と目されていた指導階級の人々さえみな抗日に転向し、国を賭してまで一戦を辞さない覚悟をしています」と深刻な状況を訴えてきたという。日本留学の経験があり、日本人を妻にしている陳抱一に風あたりが強くなったのである。「今時、日本に親しくすると売国奴扱いされますから」という文言もあり、らいてうは日本から手紙を出すこともはばかられた、と書いている。それからまもなく、らいてうはY夫人の夢を見たといい、それはY夫人が「夫人の祈願であった日支親善を、抗日にあやまられた（中国）民衆の中に説いていられるのではないか」という夢であったという。(25)

こうして、中国との戦争が拡大するにしたがって、らいてうの「迷いと動揺ともがき」は深まっていくのであるが、それはらいてう個人だけではなかった。らいてうの周辺で一九四一年までの間に何があったか。

4　市川房枝の戦時活動とらいてう

らいてうの「動揺と、迷いと、もがき」は、一九四〇年から四一年にかけて頂点に達する。一九四〇年は「紀元二千六百年」のプロパガンダがいっせいに行なわれ、親友高群逸枝が『女性二千六百年史』を刊行したことはすでに述べた。文中彼女は「祖国はかつてなき大事業の第一期的完成を、この年にして果たさんかに見える」と書き、その後皇国史観にのめり込んでいく[26]。らいてうが、『輝ク』誌上で天皇を「現神人」と呼び、「紀元二千六百年」を讃える文章を書くにいたったのは、すでに述べた通り彼女には独自な「神意識」による大本教や生長《せいちょう》の家《いえ》への親近感があったことによるといえるのだが、この時期にそれが天皇に収れんするかたちで語られるきっかけは、こうした動向にあったとみていいだろう。

そしてもう一つ、らいてうに大きな影響を与えたのは市川房枝の戦時活動であった。市川は満洲事変当時には反戦の意思表示をしていたが、日本が日中全面戦争に突入するにいたって、もはや戦争を回避できない現実を認識し、その現実の中で平和への可能性を探り、女性の立場を政治に反映させるために「国策協力」の道を選んだ。進藤久美子は「『戦争がもはや後戻りのきかない』状況になった」とき、「それまで婦選運動を率いてきた人間として、自らの非戦の主張を貫き社会的に隠棲したり、反戦の立場をとり牢獄に入ったりすることは無責任である」と考えたからだと分析している[27]。

市川は、一九三七年の日中全面戦争と同時に始まった国民精神総動員運動に参加、一九三九年二月には婦人時局研究会を立ち上げ、一二月には婦人問題研究所を創設する。一九四〇年九月に「国策協力のため婦人組織の統一を推進する」として婦選獲得同盟が解散した後はこの二つの組織が活動を引き継ぐことになった。

らいてうは竹内茂代、吉屋信子、金子しげりなどとともに研究所理事として参加している。研究所も研究員には藤田たきや帯刀貞代《たてわきさだよ》といった若手が配置されたが、らいてうも研究会などには後述するように出席していた。一九三九年の雑誌に日記というかたちで書かれた身辺記には「六月×日　早稲田婦人問題研究会座談会出席承知する。婦人時局研究会残念ながらまたも欠席」とあり、この時は欠席だが「残念」と出席の気持ちを示している。(28)市川のこうした活動が、一九三八年消費組合活動に不本意な終止符を打ったらいてうにとって、一つのよりどころになったのではないだろうか。その意味で、らいてうが戦争体制に引き寄せられていくのはやはり一九三八年以降と思われる。

市川はさらに一九四〇年一〇月発足の大政翼賛会でも女性の参加を強く求め、一九四二年一二月発足の大日本言論報国会では当初唯一の女性理事として活動、これが戦後公職追放の理由になったことはよく知られているとおりである。じつは言論報国会の前身ともいうべき日本評論家協会が一九四〇年一〇月に設立されたとき、市川は女性唯一の常任委員であり、女性委員としては金子しげり、河崎なつ、平塚雷鳥の三人がいた。らいてうの参加は、市川の推薦または働きかけなしには考えられない。

この評論家協会が一九四二年五月大日本文学報国会の設立に合わせて改組の動きが起こり、言論報国会へと進んでいく。このとき市川は女性唯一の設立準備委員会メンバーになっている。設立総会は一九四二年一二月に開かれ、会員総数約七〇〇名のうち女性会員は女性唯一の理事市川のほか阿部静枝、井上秀子、伊福部《いふくべ》敬子《としこ》、奥むめお、河崎なつ、木内キャウ、竹内茂代、羽仁《はに》説子《せつこ》、羽仁もと子、平井恒子、村岡花子、山高（金子）しげりの一二人であった。これが翌一九四三年七月時点では、市川の推薦した田中孝子、谷野せつ、香川綾子、三瓶《さんぺい》孝子《こうこ》、藤田たき、帆足《ほあし》みゆきおよび生田花世が会員になっている。さらに進藤久美子の指摘によれば市川の手書きで「平塚昭」と書かれたメモもあった[29]。

　こうしてみてくると、らいてうの戦時下――疎開直前まで――の行動には市川の影響が大きいことがわかる。らいてうは、市川を実際運動家として信頼していた。その市川が「東亜新秩序」構想支持の姿勢を明確にするようになり、年来の仲間たちがその方向に動いていったとき、らいてうはきわめて危うい地点に立っていたということができるだろう。

　しかし、市川とらいてうのあいだには決定的な違いがあった。それが一九四二年三月の「疎開」であった。市川はさきに述べたように「それまで婦選運動を率いてきた人間として、自らの非戦の主張を貫き社会的に隠棲したり、反戦の立場をとり牢獄に入ったりすることは無責任である」と考えたというが、らいてうのほうはあっさり「隠棲」の道を選んだのである。ただ、それは「非戦の主張を貫く」といった明確な意思によるものであったとは言い難い。難破する船からはネズミなどの小動物が、予兆もないのに逃げ出すというが、らいてうの「疎開」も半ば本能的な「緊急避難」だったのではないかと思わせられる。次にその間の事情を知る手がかりを探ってみたい。

5　『昭和一六年文芸手帖日記』にみるらいてう

一九四二年春、らいてうと夫奥村博史は成城の家を人に貸し、姉の孝が暮らす茨城県北相馬郡小文《おもん》間《ま》村字戸田井《とだい》（現取手市）に移り住むことになった。らいてうは、戦後の『自伝』のなかでその理由として、「強まる一方の戦争協力体制のなかで、わたくしはものを書く意欲を失い、自分がこの先あくまで権力に抵抗しぬいてゆける自信もあやしくなってきました」と書いている。「このまま東京にとどまっていれば、何らかのかたちで戦争協力に引っぱりこまれることが十分予想されるので、いち早く東京を脱出しようと心を決めたのでした」というのである(30)。

これは戦後書かれたもので、当時日本の戦争を侵略戦争として理解したうえで戦争協力を拒否する意思を持っていたかどうかは、明確とは言えないだろう。防空訓練への参加や軍人の時局講話を聴かせられることなどには批判的であったとしても、自分自身の天皇を神とみる思想や「日支親善」の理想を「戦争加担」とは自覚していなかったに違いない。それでも彼女が「ものを書く意欲を失い」、「このさきあくまで権力に抵抗しぬいてゆける自信もあやしくなってきました」というのは正直な実感ではなかったか。

そのことをうかがわせる資料が、「らいてう資料」のなかにある一九三七年から一九四一年にかけての日記ふうメモである。日記帳というよりスケジュール手帳に近く、一九三九年から一九四一年までは文芸春秋社発行「文芸手帖」が使われている。かなり空白があり、記述もその日付のできごとなのか日付に関係なく書き込んだものか不明の部分や判読困難な部分も多数あり、家族の事情に触れた部分もあるので、遺族の立場も考慮して今すぐ全面公開は控えるが、必要な部分の引用によって疎開直前のらいてうの動向を追ってみたい。

これらのメモには、婦人時局研究会の日程が再三にわたって書き込まれている。そのすべてに出席したかどうかはわからないが、それらの内容は『女性展望』誌に報告されているので、内容を知る機会はあったと思われる。また、そのほかの会合も記載されている。『昭和一四年文芸手帖日記』と『昭和一五年文芸手帖日記』から婦人時局研究会を中心に抜粋すると以下のとおりである。

一九三九年（昭和一四）

二月一八日　婦人時局研究会　一時半より／松本楼　内閣情報部長横溝光暉（発会懇談会として一三〇人参加―筆者注）

三月一八日　婦人時局研究会　一時半―四時半／大阪ビル、レインボー会〇より〇／婦人〇〇委員より動きをきく会

四月一五日　婦人時局研究会一時半より／四谷見付事務所入口電車通り／物資動員計画について／講演　三島〇貞陸軍中佐

一九四〇年

二月一七日　午後六時より八時半迄／婦人時局研究会月例会／東亜新秩序について／平貞三（蔵

の誤記—筆者注）氏
四月二〇日　婦人時局研究会／六時—八時半迄／会費一〇円
六月一五日　時局研究会／会費一〇円／六時より事務所にて／三木清「日本人の性格改造について」
一二月一二日　午前一一時半　上野公園精養軒／大政翼賛促進会　会費三・五〇
一二月一九日　六時より／日銀前東洋経済新報社楼上／前駐米大使堀内氏（堀内謙介—筆者注）／「最近アメリカ事情」

また、この日記には記載されていないが、婦人時局研究会定例会で三月一九日には内務省警保局の西村事務官による「経済警察・低物価政策」の話、九月二六日には林広吉「新体制とは何か」を聞く会、一〇月一九日には野崎龍七（ダイヤモンド社主幹）による「日独伊三国軍事同盟の貿易関係及び国民生活に及ぼす影響」と題する講演も行なわれている（市川房枝研究会編『市川房枝の言説と活動—年表で検証する公職追放一九三七〜一九五〇』市川房枝記念会出版部、二〇〇八年）。

これらの記録から見ると、一九四〇年の婦人時局研究会の講師には、後に治安維持法違反で逮捕される哲学者の三木清をはじめ、東京帝大新人会で活躍した平貞蔵や東洋経済新報からダイヤモンド社の社長になる野崎龍七、ジャーナリスト林広吉など近衛首相のブレーンだった昭和研究会のメンバーが招かれていることが特徴的である。彼らは「日支提携は必ず出来る」（平貞蔵「東亜新秩序に就いて」『女性展望』一九四〇年三月号）、「東洋を東洋人の東洋とする状態を作り出すといふ事が満洲事変及支那事変の真の目的」（林広吉「新体制とは何か」『女性展望』一九四〇年一〇月号）と説き、後にゾルゲ事件で死刑になる尾崎秀実《おざきほつみ》も、昭和研究会のメンバーとして「東亜協同体論」を発信していた。

またこれもらいてうの日記には記載がないが、『女性展望』一九四一年七月号には、六月八日らいてうが「淡谷悠蔵《あわやゆうぞう》を囲み東亜連盟懇談会（石原莞爾急病のため）に出席」したという記事がある（前掲『市川房枝の言説と活動』）。淡谷は戦前からの農民運動家で戦後は社会党代議士をつとめた人物であり、石原莞爾《いしはらかんじ》の東亜連盟論に共鳴して活動した。

市川も一九四〇年二月に中国を訪問して以来、近衛内閣の「東亜新秩序」構想による中国との和平実現に期待をかけて国策協力の姿勢を強め、一九四一年年頭には、前年一一月汪兆銘政権との間に結ばれた日華基本条約をとり上げ、この条約によって「東亜新秩序の建設が、その第一歩をふみ出した事を意味するもので、実に慶賀に堪《た》へない」（『女性展望』一九四一年一月号）と書く。彼女が石原莞爾と接触を深める過程は進藤『市川房枝』に詳しい。一九四〇年まで、こうした期待が婦人時局研究会の講師選定にも反映していたと思われる。前述したようにらいてうの『輝ク』（一九四一年二月）の文章は、こうした雰囲気の中で書かれたのであった。しかし近衛が日中戦争の拡大を阻止できず、日米開戦前夜の一九四一年一〇月東条内閣にとって代わられたことは周知のとおりである。

なお、最近の研究では「汪兆銘政権」をめぐる「和平工作」があったこと（広中一成『日中和平工作の記録―今井武夫と汪兆銘・蔣介石』彩流社、二〇一三年）や、これまで汪兆銘を「漢奸」と規定してきた中国の歴史研究者の間でも一面的に「傀儡政権」とだけ呼ばない見解が登場してきている（劉傑・三谷博・楊大慶『国境を越える歴史認識―日中対話の試み』東京大学出版会、二〇〇六年）。ただ、当時のらいてうがこうした動向を知っていたとは考えられないことから見ても、彼女の汪兆銘政権支持発言が歴史認識の錯誤であったことは弁明の余地がないと言っていいだろう。

次に、「疎開」直前の『昭和一六年文芸手帖日記』の内容を紹介する。

まず家族の状況について。一九四一年二月一三日、父定二郎が八三歳で急逝、遺言により葬儀は神式（大本教）で行なった。館山市北条にあった父の別荘など相続問題に追われている。八月一四日には懸案であった奥村家への入籍を果たし、「奥村明」になる。娘曙生《あけみ》はすでに一九三八年結婚して鳥取に行っていたが、学生であった息子敦史《あつぶみ》は奥村家の嫡出子として戸籍に記載された。一〇月にはすでに戸田井に転居していた姉のもとに、母光沢も移り住むことになり、大本教信者の姉から「東京は今に火の海になる」と移住をすすめられる。一二月、敦史が早稲田大学理工学部（機械工学専攻）を繰り上げ卒業になり、三菱重工業名古屋航空機製作所に就職して家を離れることになった。軍需工場に職を得た機械工学専攻のエリートとして、兵役免除の期待もあったようであるが、まもなく招集され、翌一九四二年二月に千葉県柏の東部一〇二連隊へ入隊、その後陸軍航空技術候補生の試験に合格して一九四三年三月には陸軍航空技術中尉に任ぜられ、陸軍航空本部付になって敗戦の日まで内地勤務の日々を送った。らいてうは柏の連隊入隊のときも営門まで見送り、その後転々とする勤務地を追って体みの日ごとに面会に通ったという。

らいてうの入籍は、息子が戸籍上「私生」のままでは幹部候補生への途から排除され、前線に送られる可能性があると知って決断したというエピソードはよく知られている。じつは昭和一六年の日記は『昭和一六年文芸手帖日記』のほかにもう一冊あって、小林登美枝が自著『陽のかがやき』のなかでその一部に触れ、主として奥村博史が入籍を望んだ内心の葛藤を探っている[31]。『昭和一六年文芸手帖日記』のほうは、むしろ、息子の就職と兵役問題をめぐって、らいてうが心労を重ねている様子が散見される。この点は、らいてうの入籍問題を考えるうえで興味深い記録だと思うが、今は触れないこととする。

こうした家庭事情以外にも、一九四一年のらいてうはじつに多忙であった。日記の記載は予定表であって実際に行ったかどうかは確かではないが、欠席の時はその旨記載があるので、こまめに出席していたのではないか。そうでないとしても、予定が詰まっていると思わせられるのがこの『昭和一六年文芸手帖日記』である。以下主に会合関係の記述を列記してみる。この書き起こしは奥村直史氏が行ない、筆者が判読に協力した部分があるが、なお未確定である。○や?は判読困難の部分である。

一月
一四日（火）神崎氏午後三時来訪（神崎清は前年『婦人公論』六〜八月号に三回にわたってらいてうの談話筆記「私の歩んで来た道」を連載―筆者注）
一五日（水）日本女流文学会　一時より／平田のぶ氏の会準備委員会　午後四時より駿河台新興生活館
一八日（土）午後一時より四時半まで（事務所にて）／婦人時局研究会定例研究会／新国民政府とその将来／陸軍報道部長馬淵逸雄《まぶちいつお》大佐

二月
三日（月）子どものむら開設一〇年の会／午後五時より／駿河台新興生活館
四日（火）河崎氏主唱？空襲時の覚悟を語る／自活会館午後二時より四時
八日（土）午後二時より砧〇〇婦人会
一二日（水）午後一時半輝ク部隊／水交社市電飯宮？一丁目下車／高瀬中佐講演
一五日（土）日本女流文学会〇〇十時より／文芸会館
一八日（火）午後十時四十二分父上静カニ安ラカニ他界セラル、遠久ニ記念スベキ日
一九日（水）午後六時　所駿河台　雨　／戦時食絶対健康法　新興生活館
二一日（金）日本評論家協会／思想部会特別委員会例会／一時半より／会場文芸会館
二二日（土）告別式
二七日（木）父上十日祭／午後四時より曙　町《あけぼのちょう》ニテ
三月
一日（土）労研／午后一時—四時迄／小山大佐／飯嶋〇〇博士／防空防火について指導
四日（火）築地小劇場／二時より、
五日（水）国語部会？婦人部会五時半より／西日比谷街法曹会館
六日（木）玉川学園卒業〇〇〇〇／午前十時より、
一四日（金）午后二時半イタリア友の会／華族会館（虎ノ門）／イタリア創刊祝賀会

一五日（土）日本女流文学会常会
一六日（日）子供の村開設十年の会／十時半深川区清澄町（深川区役所）／時局と国語の会　午后一時より／全人会館
二二日（土）隣組長
二四日（月）日本評論者会　思想部会／一時半より文芸会館／血と土の貴族大講演会／〇〇会館　六時から
四月
七日（月）組織委員会婦女〇〇？／松本楼ニテ
一一日（金）東京家政学院選科和裁本科／入学式　午后一時、
五月
一七日（土）女子大〇〇会午前十時より／黒板〇〇子氏邸
二三日（金）同級会〇〇、後楽園涵往亭／西湖ノ間午前十一時より三時まで

以下空白があり、七月は「少女の頃の思ひ出」と題する原稿のメモと思われる内容、八月は「入籍」の手続きに関する記述、九月は「中野組合?・病院内／午前十時から十二時まで」の記述、一〇月四日（土）「日本評論家協会総会　午前十時より／日比谷松本楼／伊藤情報局／会費二・五〇　総裁出席」の記述がある。そのほかに日付欄以外の部分に、玄米炊飯の方法、おそらくこのころ会得した掌波療法に関連していると思われる経絡治療に関する長文のメモ、息子敦史の卒業を控えて就職先に関

連するメモ等が記述されている。ほかに前年の一九四〇年一〇月関ヶ原に建立した平塚家の祖先記念碑除幕式に参列して以来「祖先意識」を強く持つようになることと関連する記述や関ヶ原の講談放送（ラジオ）の時間などが書きとめてある。

また、「九月下旬防空訓練までに整備すべきこと」として、

一、貯水槽容量五斗五升以上、　風呂桶、　水槽、　等

二、隣保班用水槽ノ設置　五石　五斗以上のもの

三、各戸に於て左ノ防火器具を用意スルコト

1　バケツ　二、三個　約四升ノ朝顔型ノモノ

2　筵、火叩キ　水柄杓

3　消防作業ノ時ノ被服、足袋、　帽子

4　二斗二升以上ノ土又ハ砂

四、隣組ニ左ノ防火器具ヲ備ヘル事

1　二人押位ノ軽便ポンプ

2　綱、シャベル、長棒（二米位）軽便梯子

其他空俵、空箱、菰《こも》、縄ヲ保存スル事

の記述があり、三月一日の「防空防火について指導」あるいは三月二二日の「隣組長」とのみ記載のある部分の内容かもしれない。(32)

また、この間の原稿依頼についても、

二月五日　原稿五枚程度（二百字詰）軍人遺家族ヲ対象トシテ／名古屋市「○○」軍人援護会雑誌

六月一六日「少女の友」二八日迄

九月二五日　中学？ペン原稿／昔ノ学生、今ノ学生／五枚程度

等の記述がある。「少女の友」については翌一九四二年に刊行された村岡花子編『わが少女の日々』に同名の文章が収録されているので、雑誌連載後単行本になったのかもしれない。他の二本は著作目録にもなく、発表誌も実際に発表されたかどうかも未詳である。前述した一九四二年一月刊の『女性新道』収録の「山の手娘とモダンガール」も、書き下ろしだとすれば一九四一年中執筆と思われるが、その記述はない。したがって、この日記の記述だけでは彼女の執筆記録としては十分でないが、それにしても未発見のものを含めてもこの年書かれたものが少ないことの傍証にはなるだろう。

この日記で注目されるのは、らいてうが少なくとも出席すべき会合として書きとめた内容である。日本女子大同級会（五月一七日）、子どもの村開設十年の会（三月一六日）などもあるが、日本女流文学者会、婦人時局研究会、日本評論家協会などは、いずれも時局の動向に対し、言論活動をする文化人の立場から国策協力をうたう活動をすすめていった団体である。らいてうはこれらの団体の会合をこまめに書きとめている。少なくともそのいくつかには実際に出席したとみていいだろう。父の死去から告別式、十日祭の直前直後にもこうした会合があった。とくに注目されるのは、婦人問題研究所や婦人時局研究会の予定が会場や講演テーマも含めて書き込まれていることであり、その内容はらいて

うの時局を知るうえで有力な情報源になったと思われる。たとえば、一月一八日の「婦人時局研究会定例研究会」で陸軍報道部長馬淵逸雄大佐による「新国民政府とその将来」という講演があるという記述である。[33] らいてうがこの会に出席したかどうかは不明であるが、『輝ク』に「中国の若き女性に」を書いたのが一九四一年二月一七日付であったことを考えると、たとえこの会に出席していなかったとしても、このとき近衛内閣の「東亜新秩序」構想が広く喧伝され、市川もこれに拠って中国での戦争を終わらせようとしていた状況の下で、らいてうが汪兆銘政権に期待を抱いて「アジアの平和」を願った可能性は十分にある。[34] 一九四一年のらいてうは、彼女の言葉をかりれば「行き着くところまで」行ってしまったのではないか。

しかしらいてうは、自らの危うさを戦争の性格や軍部の動向と照らし合わせて判断するだけの認識を持ちえなかったにもかかわらず、市川と全く異なる選択をしたのであった。かつて新婦人協会時代にもらいてうは、運動が自らの理想とする方向から離れていくことに病気になるほど葛藤し、「離脱」と「解散」の途を選んだために「無責任」という非難を浴びたが、今また市川の言う「無責任」な「離脱」を選んだのである。『昭和一六年文芸手帖日記』には六月以降、それまで克明に記録していた婦人時局研究会開催の予定がほとんど書きこまれなくなる（これは、研究会自体が市川の方針で「若手養成」に力を入れるようになったこともかかわっているかもしれない）。

らいてうの「疎開」の決心は、一九四一年のうちになされたと思われる。奥村直史氏は、「娘はすでに結婚、息子が大学を繰り上げ卒業して就職、名古屋に赴任して行ったことで、いわば子の扶養から解放されたことが直接のきっかけだったろう」と語っておられるが、父を見送った後、母の光沢も一〇月には姉の住む戸田井に転居したことも理由の一つになったのではないか。何よりも『自伝』にあるような防空演習準備や隣組活動の煩わしさは静謐を好むらいてうには耐えられなかったにちがいない。また奥村博史の疎開先での生活を見ると、まったく戦争とかかわりのない生活ぶりであり、彼もまた明確な反戦意識ではないにせよ、こうした戦時活動に拒否反応があったことが推察される。それにしても事実上筆を断つことを予期しての転居は、生活問題がかかっているだけに大きな決断だった。奥村氏は前掲の論考で、ものを書くことで自己表現してきたらいてうが「筆を断ち」、これ以後ほとんど書かなくなったことを、経済的に収入途絶を覚悟するという意味でも勇気ある決断であったとみているが同感である。それははっきりとした反戦の意思というよりも、自らの精神の動揺を自覚した選択であったと考えていいのではないだろうか。この日記からは、らいてうが『自伝』で「あえてこんな東京にしばられる、なんの理由もありません」と書いた心情が伝わってくるように思われる。

その決断は、らいてうにとってこれ以上「戦時活動」に踏み込まないですむ「緊急避難」の意味を持った、というのが筆者の推測である。その一つとしてらいてうがかかわっていた日本評論家協会は一九四二年一月以降改組の動きを強め、やがて大日本言論報国会の設立へと流れていくことをあげたい。評論家協会唯一の女性常任理事であった市川が、言論報国会の設立準備委員をつとめ、発足後も理事として女性会員の入会に努力したことは前述のとおりである。前掲進藤『市川房枝』によると、市川は「平塚昭」名の会員推薦リストも持っていたという。市川房枝記念会に保存されている資料現物を見ると「明」とも読めるので、おそらく「平塚明」と思われるが、どちらの名も会員名簿には見えない。このリストには宮本百合子や山川菊栄の名もあるが、どちらも会員にはなっていない。言論報国会にとっては「好ましくない」人物として排除された可能性があるとする指摘もある（前掲『市川房枝の言説と活動』の「解説」水野真知子「一九四一年（昭和一六）―一九四二（昭和一七）年」参照）。らいてうの場合、「排除」されたのか、すでに戸田井に「疎開」していたからなのかはわからないが、一九四二年一二月の設立総会には加わらなかったとみていい。その後言論報国会は、一九四三年一〇月から機関誌『言論報国』を発行し続ける。そこには市川房枝や生田花世らの寄稿はあるが、らいてうの名は出てこない。(35)

評論家協会以来の市川とのかかわりからみると、らいてうは「間一髪」で「逃げ出した」といえるのではないか、というのが筆者の感想である。

一方、後述するように、らいてうは一九四二年設立の日本文学報国会の会員であった。(36)繰り返すが、らいてうの意識の中では一九四〇年までの言説において、権力としての天皇制国家を受け入れたことも、平和主義を捨てて中国侵略戦争を支持したこともなかったのだと思う。にもかかわらず現実の政治関係の中で、彼女は「戦争協力」とみなされる言説を発することになった。その危うさをからくも回避したのが「疎開」という選択であった。

ふりかえってみれば、らいてうは自らの精神的危機に出会ったとき、必ずといっていいほど「自然」に身を置くことでそこからの立ち直りをめざしてきた。「塩原事件」のスキャンダルの時は信州へ、『青鞜』末期社員の思想的不一致と経営難に直面した時は千葉県御宿《おんじゅく》へ、新婦人協会の運動の方向をめぐる葛藤の時は那須に近い佐久山へ、そして一九三〇年代には自然の色濃い成城に居を構え、今また戸田井へと自分の居場所を移したのである。転居にあたって、「奥村博史・奥村明（筆名　平塚らいてう）」の連名で送られた挨拶状には、子育てが終わって二人とも巣立ち、「また最初の二人きりの生活に帰りましたので、十数年にわたる子供中心の成城学園の生活を、この際ひと先づ整理し、新しき太陽のもとに、再出発の心身の準備を、この地でいたしたい」とあった(37)。一九四二年三月から敗戦を挟んで一九四七年春までの五年間、らいてうはここでどのような「再出発」をはかったのであろうか。

6　「疎開」時代の生活──『昭和一八年日めくり日記』の世界

「疎開」後の生活については『自伝』に比較的詳しいが、筆を抑えた感は否めない。「らいてう資料」のなかには、『自伝』の典拠にもなったのではないかと思われるものを含め、「疎開」時代の生活を知る手掛かりになる資料がいくつかある。

①　卓上カレンダーに書き込まれたメモふうの「日記」

これは二冊あり、仮称A『昭和一八年日めくり日記』とB『昭和一九年（と推定）日めくり日記』である。日めくりの卓上カレンダーに書き込まれたものであるが、じつはAの表面（日付印刷部分）はほぼ一九四三年の記述ではないかと思われるが、裏面には明らかに戦後のことと思われる記述（たとえば破防法のこと）があり、Bは同じ『昭和一八年』のものを日付欄の曜日を書き替えてあるところから昭和一九年に使用したと推定される。しかし昭和二〇年代ではないかと思われる記述も混在し、紙不足の時代にメモ用紙代わりに使ったのではないかと思われる。一部娘と息子夫婦にそれぞれ孫ができる記述など時間的に符合するものもあるが、季語に合わない俳句の書き込みなどもあり、「日記」として使うことは難しい。その細部の吟味はあらためて行なうこととし、ここでは主に、おおむね一九四三年（昭和一八）の記述と推定されるAを主な資料として使うことにする。なお、このほかにも一九四二年ごろと思われる日記ふうメモ（卓上カレンダーの台を外したもの）がある。

②らいてうの家族宛て書簡

数は少ないが、奥村敦史、築添曙生、奥村博史など家族に宛てた手紙（はがきを含む）が残っている。昭和一九年の消印がある数通は、「日めくり日記」の不備を補うものではないかと思われる。

③らいてう一家の疎開地での住まいを提供したのは、地元在住だった永田泰助氏であるが、そのご子息永田幸夫氏執筆の『らいてうさんのいた頃』という冊子がある（二〇〇三年一月刊）。羽田澄子監督の記録映画『平塚らいてうの生涯』に自身の旧居が登場したのを見たのがきっかけで、映画では語られなかった少年時代の幸夫氏の見聞をつづったものだという。らいてうはほとんど登場しないが、奥村博史とは接触があったという幸夫氏の博史評や戦後らいてう一家がすぐ帰京しなかったために起こったトラブルなどが幸夫氏の視点から活写されている。

④公表された「小貝川通信」（『書物展望』一九四四年五月号）など

①〜④の資料かららいてうの疎開地での生活についていくつか指摘したい。

第一に、陳開先でも「戦時活動」と全く無縁ではなかったということである。『昭和一八年日めくり日記』には「三月一二日　文学報国会女流作家色紙販売（大政翼賛会主唱の建艦のため）用色紙短冊揮毫」「三月三一日　文学報国会―通信の事」などの記述があり、「七月二日郵便局に取手局指定の為替五百円（井関氏よりのもの）をとるため、弾丸切手二十枚買う(38)」「同日　日本文学報国会本年度会費払込み」「八月二五日　帝都日々募集の米本土爆撃機献納資金?へ拾五円送る」「同日　常会割り当ての簡易保険／壱円五拾銭也　敦史の名義ではいる」などの記述があり、「四月七日　文学報国会の日。欠席す」「七月二八日　日本文学報国会へズボン生地申込」ともある。また地域でも「五月二七日　鈴木海軍一等兵の村葬参列」「六月二一日　午前四時半、出征兵士歓送」などの行事にも参加、「六月八日　農繁期託児所保育の割り当てで手伝いに」といった記述もある。

また、「疎開」後はほとんど文章を発表していないとみられるのだが、この昭和一八年『日めくり日記』には「四月四日　五月一五日〆切　政界往来へ随筆十枚」「五月九日　国民食協会より玄米食／につき報策?依頼ありしも／断る二〇〇字詰十六枚」などの記述があり、断ったのはともかく、『政界往来』には寄稿したのかどうか不明である。それ以外で一九四三年に発表された文章は、現在見つかっていない。

日記には書かれていないが『自伝』には「戦車の通る橋をこしらえるため」勤労奉仕にかり出されたとあり、週三回も労役に出たという。「体の大きな奥村を出せば、兵隊からひどく使われることがわかっていたから」であったという。

また「六月五日　成城に行く。／山崎氏訪問、堅吉君／キスカ島にて往?在頑張／っているとの便り友人よりあ／り、御両親共、愁眉を開／き、話さるる」という記述もあり、かつて皇軍兵士を讃えたのとは格段の違いである。このときすでにらいてうは奥村家入籍を済ませ、息子は卒業後兵役についたが内地勤務となって、婚約の準備が進行していた。その実感がうかがわれる記述といえよう。

第二に、それでも一九四三年ごろまでは、生活にもいくらか余裕があったと思われる。地元の人に教えられながら畑をつくり、山羊を飼い、味噌を仕込むなど自給自足的労働の日々を過ごしていたのであった。畑仕事にも慣れ、餅をつき、もち草つみにはげみ、時には川べりで月見をしたことも書かれている。「三月一六日　春らしきにわか雨夕刻より／降り来、風だつ。夜に入り／晴れ、月明、星光る」「五月一〇日　この夜／はじめて木の葉づく／をきく、天神山の／シイの木にいるものらしい／一夜?十一時十五分、はじめて／ほととぎすを二声／きく川の土手の方で」「五月二五日　山羊の乳が出ることを発見／子供が出来ていたのだった。／生まれるのは多分七月であろう」「七月一六日月明、／川風涼し、／堤に縁台を出し／甘酒のあついのを／飲む、」などの記述が続く。

『自伝』にはこのころ「三〇年ぶりに句作を再開」という記述があり、「三月一五日　ぽっかりと日だまりにさく／梅の花」などの句も書きつけられている。一九四二年のものと思われる卓上日記のメモには俳句多数が書かれているが、いずれも身近な自然詠である。同じ俳句でも、一九三八年ごろと思われるメモに「皇軍の行くや草木も芽立ちして」（二月）、「英霊に菊薫りけり霜の朝」（一二月）といった句が見受けられるのとはかなり変化しているという印象を受ける。来訪客も多く、『自伝』によれば、親交のあった中西悟堂《なかにしごどう》ら野鳥の会関係者が訪問した時には「野の幸、川の幸を食卓いっぱいに並べて、戦争を忘れた大饗宴を張り」とある。謡を始めたのもこの時期である。しかし、その一見平穏な生活はごく短かった。

第三に、永田泰助氏の好意で迎えられた地であったとはいえ住宅事情はきびしく、二年後の一九四四年には立ち退きを迫られることになった。交渉の末二階の一室のみを博史の居室として借りることにしたがそこには台所もトイレもなく、らいてうが姉の居宅に住んで三度の食事は博史がそこまで通ってくることにした。しかしそれは長く続かず、結局二階の一間に夫妻で暮らし、煮炊きは庭先に七輪を出して、便所は戸外の「農家が野良用につくってある、板囲いだけのもの」を使わせてもらうことにしたという。『自伝』には「ほとほと困りました」とある。

住いの問題は、戦後すぐに帰京しなかったらいてう一家に対し、永田泰助氏の息子たちが、村で信望のあったおじの帰村を待って医院を再開したいのに明け渡さないということで確執があったと、永田幸夫氏は書いている。

食糧難も激化した。一九四三年ごろまではいわゆる「ヤミ」で食料などを手に入れることが可能で、東京から来客があると餅をついたりしてもてなした記述もあるが、一九四四年に入るとそれも困難になり、配給米も減らされた。らいてうの一九四四年四月一七日付新婚の敦史・綾子夫妻宛て書簡には「こちらも最近は暗で買物が出来なくなったので、お米も配給だけでやって行く計算を立て、昼は代用食かお粥になり、ご飯も制限されました。よくかむ事にして、二杯です（特別の場合二杯半）。お父さんと昌ちゃん（家主泰助氏の息子で幸夫氏の兄―筆者注）だけはなかなかむづかしさうですが」とある。[39] 食糧難はここにも押し寄せてきたのであった。

また一九四四年に発表された数少ない文章の一つが「小貝川通信」であるが、そこに綴られているのは戦意高揚の文章ではなく、「戦局の進展とともに、増産だ、供出だ、今度は疎開者の受入れだと次々にいろいろな問題を迎えて農村の生活も日に日にけわしくなってきた」と指摘、「戦時下農村の、ここ二ヵ年間の変化のはげしさ、今さらかえりみられることが多い」と結んでいる。前述の日記の世界を反映しているといえるだろう。

第四に、一九四四年以降の生活はB『昭和一九年日めくり日記』にも出てこないが、『自伝』にはかなり詳しく書かれている。[40] それによると、二人の子のうち娘曙生はすでに結婚して鳥取にいたが、一九四三年に東京に戻り、曙町で暮らすことになった。また息子敦史のほうは一九四三年三月陸軍技術中尉に任ぜられて陸軍航空本部付となり、一九四四年一月中山綾子と結婚する。曙生と綾子は一九四四年ほとんど同時に妊娠し、曙生は同年一二月、綾子は翌一九四五年一月に出産した。しかし、東京の医院に出産の予約までしていた娘を、空襲の危険があるからと母のいる戸田井でお産させることになり、一二月八日に迎えに上京、曙町から臨月の娘とともに上野駅まで来たとたんに空襲警報が発令されて列車は発車せず、重い荷物を抱えて真っ暗な夜道を曙町まで必死の思いでたどり着くと近くに直撃弾が落ちたという。その後東京は三月一〇日大空襲に襲われた。らいてうは出産から三ヵ月余りの四月一三日に帰京する母子に付き添って上京、日暮里《にっぽり》まで来たところで空襲警報にぶつかり、いったん避難してからようやく曙町にたどり着く。ここは危険というので三人で上北沢の知人宅へ避難したため難を逃れたが、その夜曙町の自宅は空襲に遭い、らいてうの育った思い出もろとも「灰燼《かいじん》に帰した」のであった。しかも曙生夫妻が身を寄せた上北沢の知人宅も五月二五日の空襲で焼け落ち、若い母親は赤ん坊を毛布にくるんで逃げまわったという。

それまでらいてうは直接空襲を受けたことはなかったが、三月九日夜半の東京大空襲は戸田井からも「真赤に焼けた東京方面の空の火照りで、小貝川の堤に立ってそれを眺める村人たちの顔がよく眺められたほど」だった。曙町の実家が空襲で全焼、娘と孫も戦火の中を逃げ惑ったという体験は、らいてうの意識に深く刻印されたに違いない。

むすび――「戦時活動」から「戦争体験」へ

一九三〇年代から一九四五年の敗戦にいたるまでのらいてうの生活は、大きく二つの領域を持っていたといえるだろう。一九三〇年代にはじまったらいてうの「危うい」姿勢は、『輝ク』の変化や、市川房枝をはじめとする知己の人びとが近衛内閣の「東亜新秩序」構想に傾斜していくなかで、一九四〇年から四一年にかけて頂点に達したといってよい。この時期をらいてうの主として言説による「戦時活動」と呼ぶことができるだろう。らいてうは、婦人時局研究会や婦人問題研究所などの会合に参加、また文芸報国会にも名を連ね、律儀にいくつもの会合に出席したと思われる。そこから得た情報がらいてうの平和意識を「東亜新秩序」構想の側に引き寄せることになったであろうことは推察に難くない。

一方一九四二年三月の「疎開」以後の時期は、らいてうにとって日常生活が戦争そのものに向かい合う文字通り「戦争体験」の時代であった。らいてう自身が書いているように一九四四年には疎開先で住宅の明け渡し問題が起こり、また食糧難も加速していった。やがて一九四五年には自身も直撃弾の危険にさらされたうえ四月一三日には曙町の実家も空襲により焼失する。その間に娘の出産の面倒を見、重い荷物を持って空襲下の東京に送り届け、さらに若い母親と赤ん坊が空襲されて逃げ惑う様子を聞いたらいてうは「戦争」を実感したにちがいない。

「疎開」は、らいてうにとって一方で戦時下に役員を務めた日本評論家協会や婦人問題研究所、婦人時局研究会などの「戦時活動」から距離を置く機会であったと同時に、じっさいの「戦争体験」に直面する時期でもあった。ここでのらいてうは文筆家としては沈黙しつつ、ひたすら子の無事を願い、畑を耕して食糧難をしのぎ、国債購入にもつとめ、村の託児所への奉仕活動や出征兵士の送迎、土木作業などの勤労奉仕にも参加しながら、時代と自己自身をみつめ続けたのであった。

これまでらいてうの戦時下の動向といえば、一九四一年までに公表された言説だけが取り上げられ、「戦争加担」「皇国史観」等という批判の対象にされてきた。その取り上げ方には二つの弱点があったと思う。一つはこの時期のらいてうの発言が、どのような政治的社会的文脈のなかから出てきたかがほとんど分析されてこなかったことであり、もう一つは一九四二年の疎開以降、彼女が沈黙したことがほとんど取り上げられてこなかったことである。本稿はこの二つの問いにすこしでも答えようという試みとして書かれた。

彼女の「疎開」は、戦時体制のもとで「動揺し、迷い、もがき」ながら、いわば「緊急避難」として選択された行動であったこと、同時にそこで日常生活に襲いかかってくる「戦争」を体験する機会になったことの二点において、大きな意味があったということができる。日常生活に根ざし、いのちを産む女性の立場から戦争のない平和な世界を、というのが、第一次世界大戦の時代に母となったらいてうの平和思想の出発点であった。それが戦時下に揺れたとき、らいてうはもう一度日常生活の中で戦争と向き合い、その体験を通して、戦後の平和思想を再構築していったのである。

敗戦後、かつての同志市川房枝らがいち早く婦人参政権を要求して運動を起こした時、らいてうは疎開地にとどまったまま、家主から明け渡しを催促されても帰京せず、ひたすら平和問題に関する書物を読みあさっていたという。そこには焼けなかったとはいえ成城の自宅の借家人が退去せず帰れなかったという事情や、幼い孫を抱える子どもたちに野菜などを補給してやる必要に迫られていたといった状況もあった。しかし何よりもらいてうが必要としたのは、他者に動かされず自分で考えたことを実践するという、『青鞜』以来自らの信条としてきた精神の再生だったのではないか。

やがて自らの思想のよりどころを日本国憲法九条と二四条に見出したらいてうは帰京、その精神に基づいて世界連邦運動に参加する。その過程で単独講和に反対して「非武装国日本女性の講和問題についての希望要項」をガントレット恒子、野上弥生子《のがみやえこ》、上代《じょうだい》たの、植村環との連名で発表、「軍事基地反対」「非武装・非交戦を守ろう」と訴えたのは一九五〇年六月二五日だった。そこには「中国とは歴史的、地理的、経済的のいずれの面から考えても今後友好関係を特に保ってゆきたい。そのためだけでも単独講和を躊躇する」という項目もあり、最初の案文は七項目だったものが、八番目の項目として付け加えられたのは「もしわれわれの希望する講和条約が不可能なら……われわれは早期講和を欲しない」という文章であった。[41]

一九三〇年代以降、らいてうがかかわった女性運動の仲間たちが、主観的には平和を望む立場からであったにせよ、「国策協力」に加わっていったとき、らいてうもまた「迷い、もがき、動揺」しつつその波に対抗できず、日本の侵略戦争を阻止する意思を持ちえなかった。「疎開」は、そこからの「緊急避難」として選択され、戦後学習を経て、侵略戦争の責任を自覚していったのである。一九五一年に「しずかに過去の日本の過誤を反省し」[42]、あるいは一九五三年「戦争を防止することに全く無力であったことをふかく悔いた日本女性」[43]、一九五四年には「わたくしどもは過去の日本の犯した大きな罪を愧《は》じております」[44]と発言したらいてうは、一方で来日した中国の女性代表李徳全《りとくぜん》に「(国慶節に招かれた日本の婦人代表は盛大な行事に感激したが)行進の先頭に軍隊や兵車が進んでいたということが、心にかかる。一刻も早くそうでなくてすむ日の来るように——」と発言したという。[45]一九七一年五月に亡くなるまで「憲法を守り抜く覚悟」を訴え続けたらいてうの平和思想の原点は、遠く第一次世界大戦の時代にまでさかのぼるとともに、一九四二年から五年間にわたる「疎開時代」の戦争体験を経て再構築された、というのが、とりあえずの結論である。

(1) NHK取材班編『日本人は何を考えてきたのか』昭和編（NHK出版、二〇一三年）。
(2)『平塚らいてうの会紀要』（以下『紀要』と表記）六号（二〇一三年）。
(3) 平塚らいてう『元始、女性は太陽であった—平塚らいてう自伝』（以下『自伝』と表記）四巻「疎開生活と敗戦」（大月書店、一九七二年。文庫版一九九二年）。
(4) 高良留美子『樋口一葉と女性作家—志・行動・愛』（翰林書房、二〇一三年）。進藤久美子『市川房枝と「大東亜戦争」—フェミニストは戦争をどう生きたか』（法政大学出版会、二〇一四年。以下、進藤『市川房枝』と表記）。
(5) 拙稿「解説」『平塚らいてう著作集』（以下『著作集』と表記）六巻（大月書店、一九八四年）。
(6) 満洲事変後国民の間に熱烈な献金や慰問袋づくりが組織され、国防婦人会の結成へとすすんでいった経過は、藤井忠俊『国防婦人会—日の丸とカッポウ着』（岩波書店、一九八五年）参照。
(7) 平塚らいてう「市川房枝氏の追放該当取り消し運動のため提出す」（市川房枝記念会所蔵原稿）昭和二三年新春。前掲『紀要』六号所収。
(8) 平塚らいてう「エセル・ウィードあて書簡」原稿。国会図書館所蔵 CIE Box 5249 による。『紀要』六号に全文収録。なお、この文書については池川玲子「占領軍が描いた日本女性史—CIE映画『伸び行く婦人』の検討」（『歴史評論』七五三号、二〇一三年）参照。
(9) 平塚らいてう「山の手娘とモダンガール」（東京日日新聞社・大阪毎日新聞社編『女性新道』東京日日新聞社、一九四二年）。

料金受取人払郵便

本郷局承認

7058

差出有効期間
2027 年1月
31 日まで

郵便はがき

113-8790

東京都文京区本郷7丁目2番8号

吉川弘文館 行

愛読者カード

本書をお買い上げいただきまして、まことにありがとうございました。このハガキを、小社へのご意見またはご注文にご利用下さい。

お買上**書名**

＊本書に関するご感想、ご批判をお聞かせ下さい。

＊出版を希望するテーマ・執筆者名をお聞かせ下さい。

お買上
書店名　　区市町　　書店

◆新刊情報はホームページで　https://www.yoshikawa-k.co.jp/

◆ご注文、ご意見については　E-mail:sales@yoshikawa-k.co.jp

ふりがな ご氏名		年齢　　歳　男・女
〒□□□-□□□□　　電話 ご住所		
ご職業	所属学会等	
ご購読 新聞名	ご購読 雑誌名	

今後、吉川弘文館の「新刊案内」等をお送りいたします(年に数回を予定)。
ご承諾いただける方は右の□の中に✓をご記入ください。　□

注 文 書

月　　日

書　　名	定　価	部　数
	円	部
	円	部
	円	部
	円	部
	円	部

配本は、○印を付けた方法にして下さい。

イ. 下記書店へ配本して下さい。

(直接書店にお渡し下さい)

―(書店・取次帖合印)―

店様へ＝書店帖合印を捺印下さい。

ロ. 直接送本して下さい。

代金(書籍代＋送料・代引手数料)は、お届けの際に現品と引換えにお支払下さい。送料・代引手数料は、1回のお届けごとに500円です(いずれも税込)。

＊お急ぎのご注文には電話、FAXをご利用ください。
電話03―3813―9151(代)
FAX 03―3812―3544

(10)　前掲高良『樋口一葉と女性作家』。なお、らいてうのこの文章は『著作集』に収録されていないため、高良氏が著書に全文収録している。
(11)　前掲進藤『市川房枝』第三章の二「満洲事変に対する女性指導者の反応―山川菊栄と市川房枝を軸に」参照。らいてうのこの文章が主観的には「国策支持」ではなく平和志向であったことは確かだが、現実にはその後女性の戦争動員が進行したことも事実である。
(12)　『都新聞』一九三六年一二月二七日付（復刻版、中日新聞監修、柏書房、二〇一三年）。この記事の原稿と思われる生原稿が、「らいてう資料」の中に保存されているが、原稿と公表された新聞紙上の記事との間に異同がある。なお、この記事は『著作集』にも収録されていないので、さきの『朝日新聞』記事と併せ、資料として章末に再録する。
(13)　高群逸枝「平和と婦人」（『婦女新聞』一九三二年一月三一日、二月七日付。河野信子ほか『高群逸枝論集』所収、ＪＣＡ出版、一九七九年）。
(14)　平塚らいてう「波紋（感想）（武力偏重の思想を排す）」（『女性同盟』一九二一年六月号。『著作集』三巻所収）および平塚らいてう「軍備縮小問題―ハーディング氏の提議について」（『女性同盟』一九二一年八月号。『著作集』三巻所収）。
(15)　平塚らいてう「対支問題と婦人界」（『婦人公論』一九二八年一〇月号。『著作集』五巻所収）。
(16)　平塚らいてう「婦選運動者へ―全婦人団体よ、婦選をその綱領に掲げたる無産政党を応援せよ」（『東京日日新聞』一九二八年二月六日付。『著作集』五巻所収）。
(17)　平塚らいてう「婦人戦線に参加して」（『婦人戦線』一九三〇年四月号。『著作集』五巻所収）。
(18)　同前。

(19) 以下引用は、『輝ク』復刻版（不二出版、一九八八年）による。

(20) 高群逸枝「迎年祈世」（『女性二千六百年史』厚生閣、一九四〇年。初出は『婦女新聞』一九四〇年一一月）。らいてうは高群のこの本について「今日わたくしたち日本女性が（中略）おのれの真の姿を見究め、ただ目の前の非常時に善処しえたというだけでなく（中略）今後どの道を歩くのが正しいか、どの方向に、われわれ日本女性の本然の生命力を、伸ばしていったならいいものか（中略）必要な知識を提供してくれる書物です」と評価している（「高群逸枝氏の『女性二千六百年史』」（『東京堂月報』一九四〇年四月号。『著作集』六巻所収）。

(21)「紀元二千六百年頌」（『輝ク』一九四〇年一一月一八日付）。

(22) 後述するように一九三八年一一月近衛文麿内閣の「東亜新秩序」声明には、多くの知識人を含めて期待の声が高まった。近衛内閣のブレーン集団として活動する昭和研究会には三木清、尾崎秀実、風見章、宇都宮徳馬《とくま》などが参加、一九四一年一〇月ゾルゲ事件で尾崎が逮捕された後、一一月に解散している。市川房枝がこの路線に共鳴したことは後述。全文を章末に再録する。

(23) このいきさつについては拙稿「奥村博史と『魯迅臨終の図』―上海魯迅記念館を訪問して」（『紀要』二号、二〇〇九年）参照。『自伝』では、奥村が描いたのは新聞に出た写真によるとあり、魯迅宅を弔問したとは書かれていない。しかし現地上海の魯迅記念館では奥村がじっさいに魯迅のデスマスクをスケッチし、油絵にして許広平夫人に贈ったという証言を聞いた。この間のいきさつについては、本章末尾に「付記」として記述。

(24)「らいてう資料」のなかにこの文章が掲載された新聞の切抜きが残っているが、出典は不明である。「一九三八年ごろ」という書き込みが残っている。「Y夫人」の部分に「陳夫人」という書き込みがあり、内容も合致しているので、陳抱一夫人を指すものと判断した（『著作集』六巻所収）。

(25) なお、後日談であるが、陳抱一の没後中華人民共和国が成立、陳夫人は娘とともに日本に帰国、娘の陳緑妃は奥村家を訪問している。「らいてう資料」にはらいてうに宛てた礼状がのこっているが、それによると自分も夫が一時期「漢奸」呼ばわりをされて迷いがあったが、中華人民共和国の誕生を見て今は（台湾ではなく）中国共産党を支持したいとあり、それはらいてうにも影響を与えたのではないかと思われる。

(26) 高群逸枝『女性二千六百年史』（厚生閣、一九四〇年）。らいてうの遺品の中には高群の献辞つきでこの本が所蔵されている。なお、ここで引用した部分はこの年の一月に『婦女新聞』に掲載されたもので有名だが、それ以前の文章では、たとえば「出征」と題して、近所の人が出征したことに触れ、「残されたものは女家族のみといふ」とあり、「勅なればいともかしこみ冬去りて／春来りなば帰りませ君」という詩がささげられた後に「この人遂《つい》に帰らず、一年後北支の病舎で逝かれた。騎兵伍長であった」という付記がある（『婦女新聞』一九三七年一二月）。高群の「皇国史観」への傾斜を示す戦時中の文章は、主として一九四二年発足の国策女性団体「大日本婦人会」の機関誌『日本婦人』（一九四二年一一月〜一九四五年一月）に発表され、戦後刊行された『高群逸枝全集』（理論社）には収録されていない。ここから全集未収録の「〝皇国史観〟的色彩の強いもの」の一部を収録した『高群逸技論集』（河野信子ほか著、ＪＣＡ出版、一九七九年）が出版されることになり、加納実紀代ほかの各氏が執筆している。

(27) 前掲進藤『市川房枝』第八章「国民精神総動員運動下の婦選活動」参照。なお、ここでとりあげた市川房枝の戦時活動にかんする記述には進藤氏の論考と資料を参考にし、公刊された資料については可能な範囲で確認調査を行なった。

(28) 平塚らいてう「花菖蒲咲くころ」(『生活改善』一九三九年五月号。『著作集』六巻所収)。婦人時局研究会はこの年六月八日に武藤富男(満洲国広報所長)の講演会「最近の満洲国の事情」を開催している。この「日記」が指しているのはこの会のことかもしれない(『女性展望』一九三九年七月号)。

(29) 前掲進藤『市川房枝』第一一章「「大東亜戦争」下の戦争協力」参照。ここで使われているのは市川房枝記念会所蔵の「市川資料三〇〇二」である。進藤は人名索引で「平塚昭」を「平塚らいてう」の項に入れているが、「平塚昭」が「平塚明」の誤記なのか、別人を指すのかはわからない。進藤の引用資料中筆者が確認した資料(関西大学図書館影印叢書『日本文学報国会・大日本言論報国会設立関係書類』上下、関西大学出版部、二〇〇〇年)によれば、一九四三年一月の会員名簿に女性は市川を含めて一三名で、そこに平塚明または昭の名はない。進藤によれば同年七月の時点で市川は香川綾子、三瓶孝子、高群逸枝、田中孝子、谷野節子、藤田たき、帆足みゆきを会員に推薦し、高群以外の六名と生田花世が加わって、「婦人会員」は七名増えた。進藤氏は八名増えたとしているが、増えたのは田中孝子、谷野節子、香川綾子、三瓶孝子、藤田たき、帆足みゆき、生田花世であった。ちなみにこのとき市川編で出された『戦時婦人読本』(一九四三年七月刊)の執筆者は、市川のほか、田中孝子、相馬国光、竹内茂代、波多野勤子《はたのいそこ》、河崎なつ、帆足みゆき、香川綾子、成田順、山高しげりとなっていて、言論報国会会員とかなり重なっているが、そのどれにも平塚らいてう(この時はすでに入籍していたから木名は奥村明)の名は見当たらない。

(30) 『自伝』四巻「戦火にさきだって疎開を決意」参照。

(31) 小林登美枝『陽のかがやき―平塚らいてう・その戦後』(新日本出版社、一九九四年)。

(32) 防空演習のこの部分は前掲『陽のかがやき』に全文収録されている。ただし出所は明記されていない。

同書には昭和一六年一月から二月にかけて、らいてうと同じ成城に住む河崎なつの呼びかけで成城地域の「砧《きぬた》婦人会、国防婦人会、愛国婦人会の幹部、その他有志婦人の集まり」を開いたこと、それは二月四日、八日、一二日と続いたことなどが書かれているが、『文芸手帖旧記』には四日のみ記載されている。もう一つのらいてう日記の記載なのか、小林がらいてうから直接聞いた話なのかは不明である。

(33) 馬淵大佐は一九四〇年一二月大本営報道部長に就任、著作に『報道戦線』(改造社、一九四一年)、『東亜の解放』(揚子江社出版部、一九四一年)、『日本の方向』(六芸社、一九四一年)などがあり、論客だったと思われる(西岡香織『報道戦線から見た「日中戦争」―陸軍報道部長馬淵逸雄の足跡』芙蓉書房出版、一九九九年)。この講演で彼は汪政権が「日支相戦ふは、支那を滅亡させるのみである」と言っていると説明している(『女性展望』一九四一年二月号)。

(34) 前掲進藤『市川房枝』によれば、市川は一九四〇年二月から四月にかけての中国旅行を通じて、「近衛首相の東亜新秩序構想が、中国人の民族意識に沿った唯一の戦争を終息させる方法であると確信するようになった」と指摘している(同書第九章「中国への旅」)。ここから日本が交渉の相手とするに足る親日政権として汪兆銘政権への期待が高まってきたのであった。しかし汪兆銘が期待した「満洲からの日本軍撤退」は近衛内閣によって反故にされ、近衛内閣自体も日米開戦を目前に一九四一年一〇月下野、汪兆銘は失意のうちに一九四四年一一月日本で病死した。

(35) 雑誌『言論報国』は一九四三年一〇月創刊、一九四五年五月まで刊行された。誌面にはさまざまな会合の参加者名簿も収録されているが、執筆者にも名簿にもらいてうの名前は出てこない。

(36) 日本文学報国会は一九四二年五月、内閣情報局の指導のもとに「皇国ノ伝統ト理想トヲ顕現スル日本文学ヲ確立シ、皇道文化ノ宣揚ニ翼賛スルヲ以テ目的」として設立された国策協力団体である。ただし、言論報国会が会員を推薦制として戦争協力に適任者を選別したのに対して、文学報国会は多くの作家たちが参加し、宮本百合子や中野重治もいた。女性作家たちは一九三六年女流文学者会を組織していたが、文学報国会の発足とともにその「女流文学部」として吸収され、戦後文学報国会解散後再組織された(日本女流文学者会編『女流文学者会・記録』中央公論新社、二〇〇七年)。

らいてうがいつ文学報国会会員になったかはわからないが、女流文学者会が『女人芸術』およびその後継誌である『輝ク』と深い関係にあったことから、『輝ク』の関係者はほとんど横滑りのようなかたちで参加したとされる。前掲『女流文学者会・記録』によれば吉屋信子が一九六二年に書いた回顧として、「言論統制の元締め情報局の指示が陰で動いて全文学者の結合団体の「日本文学報国会」が結成され、事務局長久米正雄氏から在来の「女流文学者会」もこれに統合して「女流文学部」をつくり、わたくしにその委員長になれと命じられた」とある。一九四二年五月の発足時にらいてうはすでに疎開していたが、こうしたいきさつから参加したものと思われる。

なお、井上美穂子氏の教示によれば、昭和一八年『文学年鑑』のなかに社団法人日本文学報国会委員会種別及委員氏名があり、その「女流文学者委員会」に網野菊、小寺菊子、今井邦子、円地文子、大田洋子、神近市子、窪川稲子、壺井栄、永瀬清子、林芙美子、平塚らいてう、松田解子《ときこ》、宮本百合子、村岡花子、山川菊栄、吉屋信子ら三八人の名があり、「オールスターキャスト」の感がある。ここで見る限り、文学報国会の役員(会長徳富猪一郎のほか常任理事と理事および顧問・参与等)に女性の名は見当たらず、言論報国会では市川房枝が女性会員・役員を入れるために「奮闘」したが、文学報国会は男性上位の世界であったといえるだろう。

ちなみに一九四二年五月二六日の創立総会では、「部会長」として「小説・徳田秋声、劇・武者小路実篤、評論・高嶋米峰《べいほう》、詩・高村光太郎、短歌・佐々木信綱、俳句・高浜虚子、国文学・橋本進吉、外国文学・茅野蕭々《ちのしょうしょう》」の名があり、六月一八日に社団法人の認可を得ての発会式では、「八部会代表」として、小説・菊地寛、短歌・太田水穂、評論随筆・河上徹太郎、俳句・深川正一郎、外国文学・茅野蕭々、国文学・橋本進吉、詩・尾崎喜八、劇文学・武者小路実篤」とある（「解題」山内祥史『文学報国』復刻版、第一号〜第四八号、昭和一八年八月〜二〇年四月、不二出版、一九九〇年）。この復刻版の「解説」（高橋新太郎）は、文学者たちが「時勢の波に遅れまいとして……こぞって入会した」と指摘しつつ、『文学報国』について言論報国会の機関誌と対比、「『言論報国』は、公式的・空疎なおらびの言論で一貫しているのである……『文学報国』には、戦時に対処する文学者の様々な位相で苦慮する〈しのぎと抗い〉の言説がある」と述べている。

(37) はがき印刷。『自伝』四巻「取手に疎開」に全文収録されている。

(38) 一九四二年、当時の逓信省が「戦時郵便貯金切手」を一枚あたり額面二円で発行した。切手ではなく宝くじのような賞金がつき、「よく当たる」「買った貯金が（武器としての）弾丸の資金になる」ということで「弾丸切手」の愛称が付けられた。日本の敗戦により、購入された切手は無価値の紙屑同然となった。

(39) 『自伝』に同様の記述があり、『自伝』編集者の小林登美枝氏がこの書簡を参考にしたことがわかる。ただし出典は書かれていない。

(40) 『自伝』四巻「孫の誕生と東京大空襲」。

(41) 「希望要項」が七項目から八項目になった経過については、拙稿「戦後の女性運動における平塚らいてうと市川房枝—資料解説を中心に」（『紀要』六号、二〇一三年）で、らいてうが書いた最初の生原稿

（市川房枝記念会所蔵）とともに紹介している。
(42) 平塚らいてう「一つの世界の建設」（『花と平和』一九五一年八月号。『著作集』七巻所収）。
(43) メッセージ「中華人民共和国建国四周年を祝福して」（生原稿）。「一九五三年十月一日　婦人団体連合会々長・日本中国友好協会顧問　平塚雷鳥」の署名があり、国慶節に招かれた婦人団体代表丸岡秀子に託したことが書き添えられている。
(44) 平塚らいてう「あいさつ」（婦人団体連合会機関誌『世界の婦人と日本の婦人』一九五四年一二月号。『著作集』未収録）。
(45) 平塚らいてう「李徳全さんをお迎えして」（『改造』一九五五年一月号。『著作集』七巻所収）。

資料1　平塚らいてう「人類的立場で婦人は観よ―無自覚からさめて」（『朝日新聞』一九三一年一一月一八日付）

このたびの満洲事変に関して婦人界は、ひっそりとして、まるで傍観的態度をとってゐる様です。もちろん、愛国婦人会等からは、出征軍人に慰問袋等を贈りましたが、こんなことでなくもっと、本当の婦人の立場として是非とも、しなければならないことを忘れてゐるのぢゃないかと思はれます。

＊

抽象的な平和運動ではなくて、具体的な方法で、支那側が悪いとか、日本側が悪いとか、いったことよりも、もっと大きな人類的立場から、何かすることは無いものかと思ってゐます。婦人から見てずゐぶん困った空気が濃厚になりつゝあると思ひます。

＊

日本人といふことは、如何なる時も忘れられませんが、それにつけても婦人が今日の事態に対する無自覚から離れて、もっと大きな態度を取りたいものだと思ひます。また権益とか、条約とか、いはないでも人類的立場から、何《ど》うしても日本民族が生存する上に、満蒙がなくてはならぬものである以上、正義にかなった主張を立派に全世界に対して出来るはずだと思ひます。

＊

人類の共存共栄の大きな立場があるはずです。人類の生存といふ点から、必要なるものとして、弁解的でなく、堂々と解決に導けるはずです。

＊

兎に角、この悲しき出来事に対して、婦人としては、この際、人類的立場から、母性として、お互いによく考えたいものです。そして、婦人がしなければならない大な仕事が、その時がやって来たのぢゃないかと思ひます。あまりに婦人界がひっそりしてゐるのはどうしたことでせう。

資料2　平塚らいてう「満洲事変と婦人たちの態度」（『都新聞』一九三一年一二月二七日付「事象と感想四八」）

満洲事変勃発以来女子青年団、愛国婦人会等の反動婦人団体をはじめ、各地の所謂中堅婦人団体、全国女学校、女子専門学校等は、いづれも無条件に満蒙に於ける軍事行動を支持し、謂ふところの「愛国的立場」から、一斉に出動将卒への慰問金品の募集、慰問袋の作成、発送、慰問使の派遣、出征軍人家族の救護等々に活動し、在満婦人はまた全満婦人聯盟を組織し、皇軍を後援すべく起《た》った。

しかるにこの間、知識婦人は、及びその団体は、自由主義的な立場にあるものも、共産主義的乃至は社会主義的立場にあるものも、基督教的立場にあるものも一様にこの問題に対し不思議な沈黙を続けてゐるのはどうしたことか。

尤《もつと》も一部の自由主義婦人と基督教婦人による日本婦人平和協会、基督教学生の女子平和協会、関西婦人聯合会などは、国際平和主義の立場から武力行動を否定し、国際正義心による日支両国の親和を要望し、国際聯盟の公正なる活動を切望する声明書を発表し、或は国際聯盟に、支那婦人団体に同様の意味の電報を打つなどのことをした。婦人矯風会も亦《また》同じく平和主義の婦人の立場を諸外国人に了解して貰ひたいといふので、出征軍人と言はず、罹災民の慰問といふので久布白《くぶしろ》、林両女史を満洲へ派遣した。

しかし是等の平和主義婦人たちの動きはどうやら日頃の主張に対するほんのお申訳け程度のものとしか私には思へない。それが現実の前にいかに無力にして影の薄いものであることか。その証拠には現実の満洲問題は刻々に是等の婦人たちの要望とは寧《むし》ろ反対の方向に進展、拡大し、国民は（多数婦人も亦）盲目的愛国熱に興奮し、輿論《よろん》は出兵を是認し軍事行動を支持し、国際聯盟また彼女等の期待を美事に裏切ったに拘はらず、最早沈黙を固守して、それらに対する一定の抗争も試みやうとはしない。よもやあの一片の声明書や、一回の電報で、時局に対する平和主義婦人の使命が終ったと思ふわけでもあるまいに。

少数の自由主義婦人の間に、時局に刺戟《しげき》されて民国を語る座談的会合が開かれてゐるが、それもまだ今日のところ、行動に移るまでに具体化されて来ない。

次に最も無気力なことをこの現実問題に対し、遺憾なく表明したのは、共産主義乃至社会主義婦人の態度である。その意外なる沈黙である。彼女たちこそ第一に謂ふところの帝国主義戦争の前にどんなにも力強き闘争の叫びをあぐべきであるのに、此逃避的態度は何としたことか。これはほんの一例に過ぎないが、「女人芸術」新年号の「座談会」で、満洲問題を子供にどうきかせたらいゝかゞ話題に上がり、富本夫人が特に平林たい氏を名ざして、日本の立場から見て、これは何と話すべきかとたづねられたのに対し、平林氏は

「日本の政策を支持する人と、それと違ふ考をもってゐる人とでは非常に違ふので、どういふ風な話はできないと思ふ」とあっさり避けてゐられる。平林氏とは言はない。すべての社会主義婦人よ何故言へないのか？　何が彼女たちを沈黙させるのか？

（僅《わずか》に社会民主婦人同盟だけが、それもやうやく最近になって社民党の国家社会主義に付随して満洲事変対策についての一つの声明書を出した。私はこれに就いて言ひたいことをもってゐるが、一般的に述べることの稿ではその余裕がない。）

満洲事変をもてあましたのは国際聯盟ばかりではない、実は日本の平和主義の婦人だと或人が言ったが、それは本当かも知れない。

とにかく彼女たちは、我愛する祖国の頭上に落ちて来た満蒙問題、及び国際諸関係に於ける民族的闘争の複雑な現実に直面し、日本人の立場として現在自分が保持する世界平和、国際正義の観念の内容に、或はその反帝国主義思想に何等かの不安を感じてゐること、少くとも今迄のやうな一本調子で行けない或るものが心の中に動いてゐることは疑ひない。

無論沈黙の内容は基督教婦人と社会主義婦人と自由主義婦人とではそれ〴〵異なるに相違ない。しかし矛盾、懐疑、不安、混迷、これらのものが彼女等に重苦しい沈黙を余儀なくさせてゐるといふその心的状態の於ては一致するであらう。

是等の婦人たちが、現実に対する認識に基づいて、自分たちの思想を再吟味、再検討した時、さうして国際的の或は階級的の任務と国民的の任務との間の矛盾を克服した時、満蒙問題に対する婦人の具体性をもつ力強い声がはじめてきかれるのではないかと思ふ。

婦人界のこの沈黙よ、意義あれ！（一九三一・一二・二三）

資料3　平塚らいてう「中国の若き女性へ」余淑訳（『輝ク』一九四一年二月一七日付）

昨年十一月三十日、更生支那の首都南京で締結された日支新条約によって、古い歴史をもち、長い文化の交通のあるこの二つの国の関係は、神から命ぜられた本然の姿に還りました。それはわたくしたち女性の心の底の絶へざる祈りでもあった日支永遠の堅い握手です。何といふうれしい事でせう。

わたくしは、新政府の大礼堂で白布に蔽《おお》はれた大卓に対座した汪氏と阿部大使が、息をつめてサインしてゐられるあの厳粛な歴史的瞬間の写真に見入りながら、事変三年の大きな試練を経て、到達した限りなく高価な握手をおもひ、新支那の統一ある独立国家としての早き成長を心から祈ると共に、この尊い握手の上に築かれる東亜の新秩序、更に全アジアの独立解放の輝かしい歴史の生成を夢みて、目頭の熱くなるほどの感激にひたりましたが、この感激は日本の全女性の感激であるばかりでなく、中国の女性の心にもぢかに通じてゐるものに相違ないと信じてゐます。

さうして今この二つの国は（お隣の満洲国も加へた三つの国が一体となって）共同の高い理念に導かれ、同じ目標に向ひ、重い責任を分担しつゝすでに、すでにその新しい何歩かを踏み出してゐます。しかしこの共同の大業の達成は、容易な事ではありません。現にいろいろの圧迫や、誘惑の魔の手が、アジアをいつまでも支配しやうとする白人国から手をかへ品をかへ二つの国にそれぞれ加へられてゐますが、もはやわたくしたちはそんな事にたぢろぐものではありません。

わたしたち日支のロマンチストであるべき若い女性は、アジアに描かれたこの新しい大きな夢をしっかりと心に抱きしめ、いつまでも堅く手をとって、あらゆる苦難をおそれず進みませう。――アジアがアジア人のアジアとなり、全アジア民族が共存共栄の、一家のやうに楽しい平和な世界を創生するまで。

（以下「致中国青年女性」の中国訳が添えられている）

（初出）『平塚らいてうの会紀要』七号、二〇一四年。

（付記）戦時下におけるらいてうの中国認識と奥村博史『魯迅臨終の図』をめぐって

本稿第3節「奥村博史『魯迅臨終の図』をめぐって」のなかで、らいてう中国認識に影響を与えた出来事として、パートナーの奥村博史が一九三六年に上海を訪問して魯迅が病気で亡くなった一〇月一九日当日に魯迅の支援者であった内山書店の当主内山完造に伴われて魯迅宅を弔問、デスマスクをスケッチして油彩画に描き、さらにそれを魯迅夫人である許広平に贈呈したことを挙げておいたが、この点はらいてうの『自伝』戦後編の記述とは異なっている。『自伝』によれば奥村は「上海滞在中に、たまたま魯迅の急逝にであった奥村は、その死を深く悼んで、新聞に出ていた臨終の肖像を、油絵で描きあげました」（らいてう自伝『元始、女性は太陽であった』四巻戦後編）とあり、ご遺族も奥村が魯迅宅を弔問したとは聞いていなかったという認識だったと思われるからである。

この点については、本稿の注23に「このいきさつについては拙稿「奥村博史と『魯迅臨終の図』―上海魯迅記念館を訪問して」（『平塚らいてうの会紀要』二号、二〇〇九年）参照」とある通りであるが、この拙稿は本書に収録できなかった。しかし、『自伝』と異なる記述をした理由を明示する必要があると思われるので、以下に拙稿から若干の引用を含めて付記したい。この点が重要だと思われるのは、単に奥村が魯迅宅を訪問したかどうかという事実関係の論証だけでなく、日中戦争前夜の中国を訪問した奥村がただならぬ緊張関係にあった上海の地で、本稿でも述べているが中国民衆に親近感を抱き、戦後自筆年譜に「中国に魅惑されること大」と書き込んでいることが、らいてうの中国認識にも影響を与えたのではないかと思われるからである。

一九三六年一〇月一九日に奥村が内山書店に「偶然」訪問したと言われる点にもいささか疑問がある。奥村は上海渡航以来しばしば内山書店を訪問、内山完造の信頼を得ていたと思われ、中国では奥村が魯迅死去直後に魯迅宅を弔問してデスマスクをスケッチしそれをもとに油彩画を描いたという証言が複数ある。中国で刊行された周国偉著『魯迅与日本友人』でも、奥村を生前会うことはなかったにもかかわらず『魯迅臨終の図』を描いた日本人画家として「魯迅の友人」と呼んでいる。奥村のこの絵は、日中戦争のなかで許広平自身の安否もわからなかったのが戦後国際民婦連代表団の一員として許広平が来日することになったのをきっかけに上海魯迅記念館に収蔵されていることがわかり、許広平は「奥村先生がらいてうの夫であることを初めて知った」というエピソードもある。

筆者は東京神田の内山書店社長内山籬氏（内山完造の甥にあたる）に紹介していただき、二〇〇八年に上海魯迅記念館を訪問、非公開のため展示されていない『魯迅臨終の図』を収蔵庫から取り出して見せていただくことができた。おそらく日本人でこの絵を実際に見たのは初めてではなかったかと思われる。このとき『魯迅与日本友人』の著者にもお逢いし、また王錫栄記念館副館長にもお尋ねしたところ、何の迷いもなく「奥村先生は実際に弔問してスケッチをしたのです。中国側でそのことを証言する人もいます。間違いありません」というお返事があった。帰国後、内山書店の内山社長からも、魯迅の身近にいた黄源という方のインタビュー記事（インタビュアーは内山氏ご自身）の載った雑誌を見せていただいたが、そこではっきり「日本の奥村博史さんが死に顔をスケッチした」と語っている。彼はそのスケッチの原画を保管し、自身の編集する雑誌『訳文』に載せたこともあると語っていた。

こうしてみると、博史が魯迅宅を弔問してスケッチしたことはほぼ確実といえそうだが、ではなぜ奥村家の関係者は「新聞の写真をみて描いた」と理解してきたのか。当時日中全面戦争突入直前で、魯迅は国民党政府からも危険人物視されていた。魯迅の身辺を守るために細心の注意を払っていた内山完造が、画家であるというだけで奥村を魯迅宅への弔問や許広平宅への訪問をさせるだろうか。少し後になるが、二〇〇九年内山完造没後五〇年に出身地岡山県で記念事業が取り組まれたとき、準備の中心になっていた佐藤明久氏に出会った。「ぼくの父親（中村亮）は上海の内山書店で店員をしていたのです。魯迅の最期をみとったただひとりの日本人でした。父から奥村博史という画家の名前を聞いたことがあります」といい、「亡くなった父からも聞いていましたが、内山完造は魯迅とその家族を守るため細心の注意をはらっていました。よほど信頼できる人物でなければ魯迅宅に連れて行ったり、夫人に会わせたりしないはず」と語った。さらに「父は奥村さんが店に来て、内山完造と長い間話しこんでいるところを見かけたことがあるといっていました」とも語ってくれた。

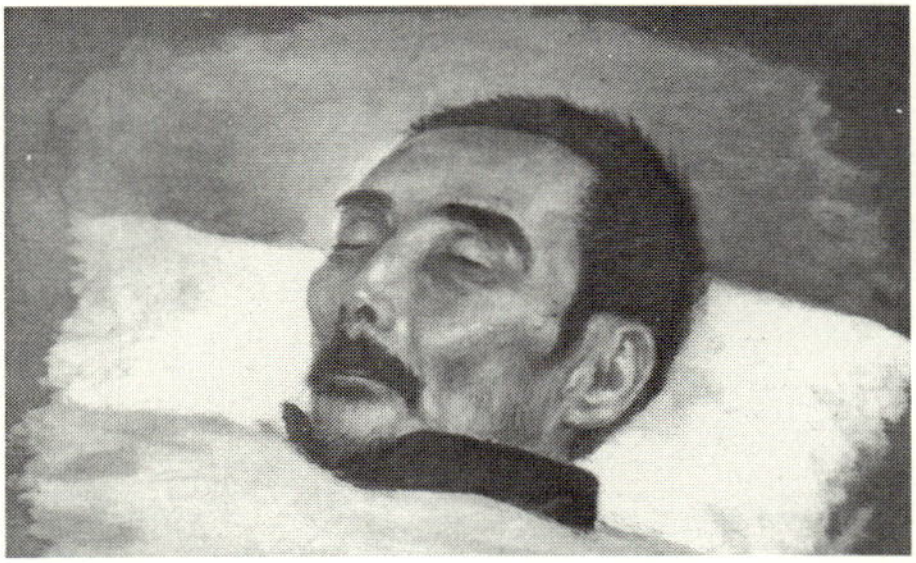

魯迅臨終の図（上海魯迅記念館所蔵，米田佐代子提供）

そのとき博史と内山が何を語っていたかはわからない。しかし魯迅を愛し中国を愛し、中国との戦争に反対し続けた内山とどこかで通い合うものがあったからこそ博史は内山書店に通い、話し込んだのではないか、その博史を信頼したからこそ内山は、彼を魯迅宅に同行し、「魯迅臨終の図」を依頼したのではないか。だが内山も奥村も戦時中には奥村の魯迅宅弔問を伏せ、「新聞の写真を見て描いた」ということにしたのではないか。新聞の写真と奥村の絵は、構図が良く似ているから新聞写真を参考にしたことは事実だと思われるが。以上は憶測に過ぎないが、まったくありえないことではない、という気がする。こうした過程を経てらいてうが奥村の中国への親近感に影響を受けたことも考えられるのではないか。

では、中国と戦争したくないという思いと汪兆銘政権支持はどこでつながったのか。汪兆銘政権の評価については、日本の満洲からの撤兵を含む「汪兆銘工作」もあり、単に「日本の傀儡政権」と規定するだけでいいかという議論（土屋光芳『「汪兆銘政権」論』人間の科学社、二〇一一年）もあるが、当時のらいてうがそのような情報を知っていたとは考えられない。らいてうが汪兆銘政権支持の文章を書いたこと自体の「責任」は免責されないと思う。では、そのような判断は何処から出てきたのだろうか。本稿では奥村と親しかった上海在住の洋画家陳抱一とその妻である陳范美（日本名飯塚鶴）とのかかわりがあることに触れておいたので、少し補足したい。

陳抱一は日本に留学し、そこで妻となる女性と知り合って結婚した。しかし日本の中国侵略が進むにつれて日本人と結婚した陳抱一に対しても抗日派から「親日派」という目でみられることがあり、陳范美は苦しんだという。一九三二年日本軍の上海占領後、日本軍によって自宅を焼かれ作品を多数失うという悲運の中、陳抱一は日本の敗戦直前の一九四五年七月病没する。この時期に陳范美はらいてうに窮状を訴える手紙を書き、それが、「Ｙ夫人の夢」というらいてうの文章に反映したものと思われる。らいてうはそこで陳夫人である「Ｙ夫人」が「抗日にあやまられた民衆」に「日支親善」を説く姿を夢に見たと書いた。らいてうにとって「抗日」は「日支親善」ではなく日本と戦争することとうけとられたのである。汪兆銘政権は日本と戦争すれば中国全土が焦土と化すとして日本との和平をのぞむ立場をとったが、それは日本の中国侵略を容認する道であることをらいてうは理解し得なかった。ここには近衛内閣のブレーンと言われる昭和研究会のメンバーによる東亜共同体論の影響があったとみてもいいだろう。らいてうの汪兆銘政権支持発言の背景には、こうした経験が反映していたのである。

らいてうがこうした「錯誤」から戦後どのように自己変革していったかについても一言付け加えたい。らいてうは、戦後わき立つような「民主化」のうねりにすぐ同調せず、成城の自宅は無事であったが、借家人が出て行かなかった事情もあって一九四七年三月まで疎開先の戸田井にとどまっていた。市川房枝らが一九四五年一一月結成した新日本婦人同盟にも誘われたが、メッセージを送っただけである。帰京後らいてうが熱中したのは、戦争の惨禍を繰り返さないためにはどのような世界構想が必要であるかということであった。らいてうは一九四六年一一月三日に公布され、一九四七年五月三日に施行された日本国憲法のとくに第九条に強く共感し、さまざまな平和思想について学習する。その分厚い学習ノートが残っている。

それに加えて陳范美が戦後娘とともに日本に帰国し、奥村とらいてうを訪ねたこともわかってきた。日付は不明だが、中華人民共和国成立後間もない時期ではないかと思われる。奥村は歓迎し、陳抱一の遺児陳緑妮に自作の指環を贈った。陳范美の礼状が残っている。そこで彼女は「(抗日派の人々から迫害されたこともあったが)中国を救はうとしている中共を支持する」と書いている。娘の陳緑妮に対し台湾から「反共宣伝映画への出演」を求められたが断わったともある。こうした身近な知人からの発言が、「抗日戦争」を推進した中国共産党に反発したらいてうが考えを改めるきっかけの一つになったかもしれない。らいてう研究の場でほとんど出てこない奥村の「魯迅臨終の図」が書かれたいきさつや陳抱一とそのパートナー陳范美との交流がらいてうに与えた影響を無視するわけにいかないと思い、補足するしだいである。

二　平塚らいてうの戦後平和思想とその実践

——自筆メモ『世界連邦運動』を読み解く

はじめに——らいてう『自伝』の世界連邦記述をめぐって

平塚らいてうが、戦後熱心に平和運動をすすめたことはよく知られている。しかしその契機は、戦後日本国憲法九条に出会い、共感したからという程度にしか理解されてこなかったといってもいいだろう。戦時中戦争に反対できなかったらいてうが、戦後にわかに平和主義者になったかのようなとらえ方もなかったわけではない。特に、らいてうが戦後一九四八年に世界連邦思想を知り、それまで多くの平和論を学習しながらそのどれにも納得できなかったのに、これこそ自分の理想に一致するとして運動に参加した経緯は、これまで必ずしも深く探求されてきたとはいえなかった。『元始、女性は太陽であった—平塚らいてう自伝』第四巻（戦後編）では「世界連邦主義を知る」「世界連邦建設同盟（以下『同盟』と略記）で活動」という項目で叙述されているが、一九五〇年代半ば以降世界連邦運動のあり方に疑問を感じて組織からは離れた、として多くは語られていない。(1)

これは、『自伝』自体が一九六〇年代初めまでで終わっていること、戦後編は全部がらいてうの執筆ではなく、編者の小林登美枝がことわっているように「お話をうかがってまとめたものに、先生が目を通された部分と、お話がうかがえなかったため、遺された手帳、ノート、未発表原稿、その他の資料によって私が補綴した部分」を含んでいることなどの事情からであったことは推察できる。(2)『自伝』では「(皇族の)東久邇稔彦氏を会長にいただいたり、知名の政治家、とくに保守党の人たちの名を並べるようになったこと」に不快感があり、運動からは距離を置いた、とされている。一方『自伝』には一九五五年に結成された世界平和アピール七人委員会に参加したこと、それは世界連邦建設運動の中心にいた下中弥三郎による世界連邦実現をめざす運動の一環として受け止め賛同したことが記述され、らいてうが『同盟』の役員辞任後も世界連邦に関心を寄せていたことは推察できるが、その部分も短い言及にとどまっている。

このように『自伝』ではらいてうと世界連邦運動とのかかわりは、必ずしも深く書き込まれていない。それは前述のようにらいてうが『同盟』の役員を辞任、「七人委員会」も一九六一年下中死去後、かならずしも世界連邦運動にこだわらず、より広い視野から平和の訴えをするようになっていったという事情によるものと思われる。

しかし一方で『自伝』には、「わたくしの世界連邦運動に対する信条は不変」と記され、一九五五年に常任理事を退任した後も顧問に就任、一九五八年と一九六四年の年賀状に「世界連邦の実現を望む」という文章を印刷していることからも、一九六〇年代以降も世界連邦運動に関心を寄せていたことは明らかである。この点はすでに拙稿で指摘してきた。(3)

さらに、最近新たに判明したらいてうの日記や書簡類（断片を含む）によると、らいてうは一九七一年に亡くなる直前まで「世界連邦実現」を訴えていたと思われる。一九六九年の年賀状は、「世界連二〇周年記念」の絵はがきである。

では、らいてうが晩年まで持ち続けた「世界連邦思想」とはどのようなものであり、日本の世界連邦思想と運動の中でどのような位置を持つのか、その後のらいてうの平和思想はどのように展開していくのか、といった問題については今もほとんど解明されていないのが現状である。

筆者はすでに前掲拙稿で、らいてうの平和思想が遠く第一次世界大戦後エレン・ケイの「母性主義」および国際的な平和主義の潮流に影響を受けたこと、さらにさかのぼれば若き日に禅によって見性し、自然と人間の一体化を会得したところに淵源していることについて述べ、その延長としての戦後の世界連邦思想への共鳴について触れたうえで、彼女の一九六〇年代以降も続く世界連邦への関心を示す資料を提示してきた。筆者はらいてうを「女性解放運動家」というだけでなく、むしろその本質は「母親としての生活体験にねざした平和思想家」と考えているが、その視点かららいてうの平和思想を明らかにしようとするならば、戦後彼女がたどりついた「世界連邦思想」とは何であったかを解明することが必要ではないかと考えている。

本稿はその解明をすすめる一歩として、最近発見された世界連邦に関するらいてう自身の手書きメモの紹介と若干の考察を試みるものである。これは小林登美枝が『自伝』編集にあたって収集したと思われる資料のなかにあったもので、内容は『自伝』にかなり取り入れられている。このメモを手がかりに、らいてうにとって「世界連邦思想」とは何であったのかを検討したい。仮に『世界連邦運動メモ』（以下『メモ』と略記）とする。

1　らいてうの自筆メモ『世界連邦運動』について

これは、平塚らいてうの会が小林登美枝の没後引き継いだ資料の中にあったらいてう自筆のメモである。最初のページに「世界連邦運動」と書かれ、B5判用紙全一四枚。「ゆうせいトピックス　昭和三七年」のタイトルが入ったタイプ印刷の印刷物の裏に書かれ、このメモが一九六二年以降に書かれたものであることがわかる。また『自伝』戦後編には『メモ』に依拠したと思われる記述が随所にあり、少なくとも『自伝』のために書いたか、あるいはそれ以前に書かれたものを小林が引用を含めて使用したものと思われる(4)。

もちろん『自伝』にすべてが引用されているわけではない。『メモ』のかなりの部分を占めるのは当時の『同盟』の機関誌『世界国家』に記載された運動の紹介等であり、その部分は省略されている。没後刊行された『平塚らいてう著作集』（以下『著作集』と略記）七巻（戦後）にはらいてうが世界連邦運動を知った一九四九年以降、特に一九五〇年代初頭に書かれた世界連邦関連の多くのエッセイや論文が収録されているので、『自伝』に繰り返し載せる必要はないと思われたのかもしれない。

しかし仔細に読むと、『メモ』はらいてうが世界連邦運動の存在を知って一九四九年『同盟』に入会、一九五〇年代半ばに役員を辞任してから後の一九六〇年代以降に書かれ、その時点で世界連邦運動をどう見ていたかがわかるという点で貴重だといえる。また自身が運動に参加した理由や日本で開かれた世界連邦の会議にいつ出席したかがわかる記述もある。さらにらいてうが読んだ書物については、これまでエメリー・リーヴスの『平和の解剖』が有名であったが、それ以外にも多くの書名や人名が記載されていて、そのなかには邦訳されて実際に読んだ本もあることがわかった。読んだかどうかは不明であっても関心を持った固有名詞が記されているのではないかと思われる。世界連邦思想に関するらいてう自身の系統的な叙述ではないが、関心のありどころを探る手がかりになるのではないだろうか。

筆者はこの『メモ』から、一九五〇年代の日本の社会状況と世界連邦運動の動向のなかでらいてうが実際に運動にかかわったいきさつを再検討する必要があると考えるにいたった。とくにらいてうの戦後平和運動の原点ともいうべき一九五〇年六月の「非武装国日本女性の講和問題についての希望要項」発表は、らいてうが世界連邦運動に参加した時点での独自な行動である。この点はこれまで必ずしも関連づけられていなかったが、『メモ』はそのことにも言及、らいてうの戦後平和思想と行動を知るうえで貴重な資料であると考えられる。

本稿では、この資料からみえてきた問題を検討したい。なお、文中一般的に日本で語られた世界連邦思想や運動をとりあげるときはカッコをつけず、らいてうの受容した「世界連邦思想」についてはカッコをつけたのは、らいてうの理解に独自な点があったのではないかという関心からである。

2　『メモ』にみるらいてうと「世界連邦」思想

『メモ』は、最初に「平和運動へ――だがそれは平和実現のための具体的方法を知らねばならない」とある。これは戦後間もなくらいてうが自分の手帳（ダイアリーノート）に書き込んだ「平和運動とは、どこまでも具体的な現実的な問題である、只観念的に平和、平和といってゐるだけではだめてある。《（ママ）》かけ声では何にもならぬ。戦争の原因となるものをつき、戦争を防止することが出来ねばならぬ」という文章に対応していると言える。(5) 戦後らいてうが最初に考えたことが「平和実現の具体的な方法」であったことに留意したい。

そのためにまず「内村鑑三の非戦論・平和観を読んだ」が、「平和は人に由《よ》って来らず、神に由って来る」「エホバが万国を治め給う時に来るというようなことで、これでは仕方がなかった」と納得できず、「平和がわれわれ人間の力で創り出さうとしてるものにとっては、平和は神自身これを下し給うもの／キリスト再臨が唯一の解決となっていた」と批判的である。ついで「クエーカーの一派であるというフレンド協会の「平和計画」に興味をもった。読んで見た」とある。また「MAS（MRAの誤記）道徳再武装運動――一種の反共的平和運動」とあり、つづけて「共産主義者の世界平和、無階級、無国家の人類の共同社会が建設されれば、そこに世界平和があるとは思えない」とあり、「一つの政治思想で世界を統一しようとする暴力肯定の強権主義だから平和と自由があるとは思えない」と書いている。この部分は『自伝』ではカットされている。これは、平和問題に関心を持ちはじめた一九四八～四九年ごろのらいてうが共産主義の平和論をそのように理解していたということだったからかもしれないが、では『メモ』執筆時の一九六〇年代にどう考えていたかは書かれていない。カントの「永遠平和論」の書名もあり、『自伝』では「これを読み返した」とある。

こうして模索していたらいてうが「「一つの世界」と言う小雑誌を偶々《たまたま》手に入れたこと」が世界連邦を知るきっかけであった。それは一九四五年九月に徳川義親らによって設立された「世界恒久平和研究所」の機関誌で、『自伝』にはらいてうがその二巻八号（一九四八年八月）を入手、この年ルクセンブルグでひらかれた世界連邦主義者の第二回世界大会に送ったアインシュタインのメッセージ「国家あれば戦あり――民衆の声こそ破局を防ぐ」（『メモ』にはメッセージの副題が「民衆の声こそ破局を防止する」〈正しくは「民衆の声こそ破局を防止」〉）に感激した、とあって『メモ』の記述と一致する。(6) こうして知った世界連邦主義に「自分の探し求めていたもの――世界平和実現のための具体的方式」が「ようやく目の前にひらけてきた」と書かれている。

アインシュタインはこのメッセージで、アメリカ政府がソ連との交渉を拒否したことを批判、「アメリカの責任は重大」とし、「失われた相互の信頼感を取り戻す」のは「米ソ両国が忍耐強く相互に話し合うことによってのみ達成される」と述べるとともに「ソヴィエト方式による世界の一社会化」を平和的に進めたとしても、なお「各人が労働の量と質に応じて分配を受ける段階に達することは不可能であり、WG運動（世界連邦運動）だけが人類に最大の社会的幸福を保障するものである」と述べている。らいてうはこの点に共鳴したようである。『メモ』の記述はそのことを示唆していると言えるだろう。

『自伝』によれば、世界恒久平和研究所の理事に尾崎行雄、稲垣守克、松岡駒吉らの名前があったことが親近感を誘ったという。彼らはいずれも新婦人協会時代以来の知人であり、稲垣は協会の賛助員として『女性同盟』に執筆をしたこともあったので、「面識はありませんが、よく知っていました」とある。

つづいて『メモ』は、「稲垣守克氏を中心とする（日本の）世界連邦建設同盟生まる」「二十三年（一九四八、八月六日）広島原爆の日」と記され、「その運動聖書と言われるエメリーの『平和の解剖』も知り、「世界憲法シカゴ草案」を読んだ」とある。エメリー・リーヴスの著書は、「一九四五年六月、第二次世界大戦末期に出版」とあるが、これは英語原版の出版年月日で、邦訳初版は一九四九年二月に毎日新聞社から刊行された（稲垣守克訳）。らいてうは、リーヴスの主張を「武装された主権国家間―国際社会は無政府状態であること」「民主的原則、世界の人民が主権者である……」「一切の主権は世界の人民、一人一人が保持するもの」「世界の人民代表より世界法を制定する」と要約している。

『メモ』は、ここで「『平和か無政府状態か』コード・メイヤー著　一九四七年」をあげている。これもアメリカで一九四七年一〇月に出版され、木下秀夫による邦訳（ここではコード・マイヤー）は一九五二年二月、岩波書店から出版された。『メモ』とは別に、一九五五年以降に書かれたと思われる断片的なメモが残されていて、そこにリーヴスの著書とともにこの本を「戦後最も心を打った平和に

関する本」としてあげている。(7)
　これに続いて「なぜ世界連邦運動に投じたか」が書かれている。
・精神運動・宗教運動だけでは平和は来ない。
・国連は諸国家の討議の場として重要ではあるが、立法し、司法し、行政するところの政府機構ではない。国際問は依然として無政府状態である。
　戦争と貧困を世界からなくす—食糧問題の解決
　一口にいへば世界を一つの国とし、各国をその州とする。
とあり、これがらいてうがリーヴスやマイヤーを読んで理解した世界連邦思想の核心だということがわかる。リーヴスが国連を強く批判し、主権国家がいつでも戦争を起こせる状態にある現在の世界秩序を「無政府状態」と呼んだこと（マイヤーも同様）を受けているとみられる。しかし注目されるのは、最初にもふれたように「精神的宗教的運動だけでは平和は実現しない」と述べている点である。また「戦争と貧困をなくす」ことが課題としている点も重要である。
　さらに興味ある事実は、一九四九年に世界連邦建設同盟入会の記事に続けて、「ゲアリ・デーヴィス」についてふれていることである。「世界市民運動、当時世界にセンセーションを巻き起こした」と注記、「国籍離脱」と書き込んでいる。ゲーリー・デーヴィスは、アメリカ軍人として第二次世界大戦に参加、その経験から戦争をなくすためには国境をなくさなくてはならないと考えて、自らアメリカ国籍を放棄、「無国籍者」として世界を回り、平和を訴えた人物である。「無国籍」になったデーヴィスは自ら「世界市民」を宣言、旅券なしで（自分で発行した旅券を持って）世界中を回り、最後はインドで逮捕されアメリカに強制送還されたという。

彼の著書『国境を破ろう—世界市民冒険記』は邦訳されている（宇土尚男訳、弘文堂、一九六三年）。一九五〇年代当時彼の行動は世界各地で大きな話題になり、熱狂的な支持が集まった。フランスのサルトルやカミュも彼の「世界市民」宣言を支持したと言われている。訳者の宇土は、その破天荒な行動は「偉大な人物」から「頭の狂った市民」まで、毀誉褒貶に満ちた評価を受けている、と述べている。この本をらいてうが読んだという確証はないが、「国籍離脱」に関心を持ったことはこの『メモ』からうかがえる。

もともとらいてうは、第一次世界大戦後に「国家のエゴでは軍備縮小は実現しない」として自らを「世界民」になぞらえ、その後クロポトキンに共鳴、国家権力に支配されず相互扶助に基づく協同自治社会を構想して居住地の世田谷成城で消費組合活動に取り組んだ経験を持っている(8)。デーヴィスの「世界市民」という発想に惹かれても不思議ではないだろう。

『自伝』によれば、らいてうは稲垣守克を訪ね、彼から直接「世界連邦の理論を学んだ」という。一九四八年に世界連邦運動の存在を知ってから一九四九年『同盟』入会までの少なくとも数ヵ月間、らいてうはこうした学習を重ね、自分が納得したうえで世界連邦運動に参加したのである。

ついで、『メモ』は一九五一年一一月京都で開かれた「世界連邦全国同志大会」について述べ、「宣言」と「決議」を詳述している。このときらいてうが大会宛てに送ったメッセージの草稿が残されていて『自伝』にも採用されているからであろう（後述）。『自伝』には、らいてうが『同盟』の活動に参加してメッセージを送ったという記述は、この大会のみであるが、『メモ』にはその後一九五二年一一月に広島で開かれた第一回世界連邦アジア会議に「メッセージを送った。戸田井から」とあり、そのとき国会図書館でひらかれた東京会議に「出席した」こと、一九五四年一一月の第二回アジア会議（東京の日本青年館）にも「出席」とあるが、『自伝』では触れられていない。(9)

さらに重要と思われるのは、『同盟』は一九五二年四月二七～二八日に結成以来初めての全国総会を開催するが、一九六九年に『同盟』が刊行した『世界連邦運動二十年史』では、年表には記載されているものの本文では「アジア会議を前に気勢を上げるための準備会」と数行しか書かれておらず、『同盟』の事務局長経験者である田中正明の『世界連邦　その思想と運動』（平凡社、一九七四年）でも、「一一月に開催する世界連邦アジア会議のためのデモンストレーション」と位置づけているに過ぎない。(10)しかし、『メモ』には「全国総会の席上、講和発効に際しての重要な、声明、決議、宣言をする」とあり、「『同盟』の機関誌『世界国家』の六巻六号（一九五二年六月号）参照」と注記されている。『世界国家』六巻六号に掲載された「声明」と「決議」によれば、「声明」は世界連邦アジア会議の訴えであり、「決議」は日本の国連加盟を支持するとともに国連を世界連邦に発展させるという趣旨である。もう一つの「世界に対する檄《げき》」というタイトルをつけた「日本不侵略の声明を全世界に要求する決議」は、「軍備を永久に持たぬと誓った日本国憲法は、単に国民の決意であるのみならず、全人類の世界平和念願の象徴である」として「全世界の各国民が無軍備日本を断じて侵略せぬということ」を声明するように求めるというもので、日本を憲法に基づく「無軍備国家」と明記している点が注目される。

時期は前後するが、『メモ』の最終ページには、有名な一九五〇年六月にらいてうが呼びかけた「非武装国日本女性の講和問題についての希望要項」に関連する記述が出てくる。「片面講和反対の声は文化人から労働者から上っているのに婦人の声はどこからも上らなかった」ことを憂慮し、「自分は先頭に立ってあまり働きたくな（か）ったが黙していられない気持ちでとうと（う）あの草案を書いて、友人を訪ねたのだった。あの要項につゝいて方々が立ち上った」というのである。[11]

以上が『メモ』の概要である。ここから、らいてうが「世界連邦思想」をどのように受容したかについていくつかの示唆を得ることができると思う。第一にらいてうは、平和を精神や宗教の問題としてではなく現実の問題に取り組むことで実現する課題だと考えていることである。第二に世界連邦思想は、『メモ』にもあるように最小限論者から最大限論者まで多様であるが、らいてうは最大限論に近く、「世界民」という立場に惹かれていたのではないかということである。第三に彼女は「世界連邦」思想をたんなる理想論としてではなく日本の現実に結びつけ、具体的な課題を掲げた行動として実践する道を選んだということである。

その意味で一九五〇年六月の「希望要項」は、らいてうが『同盟』に参加し、世界連邦運動を実践した最初の行動であった。この「希望要項」には単独講和反対とともに、軍事基地反対つまり日米安全保障条約反対が盛り込まれている。らいてうはこの後の一九五一年一二月、市川房枝、上代たのらとともに再軍備反対婦人委員会を組織、一九五二年一月にはアメリカ上院議員に宛てて再軍備反対のアピールを送っている。その経過が『世界国家』一九五二年三月号に掲載されているが、そこでらいてうは、「刻々に押し寄せてくる目の前の問題を、無視し、超然と傍観していることができません」と述べ、「世界連邦への不断の努力と同時にそれと併行して、これら当面の具体的な問題と平和を守るため取り組まなければならないのです」と書いている(12)。

『同盟』に参加した一九五〇年代にらいてうが力を入れたのは憲法九条を守り、それに反する日米安保条約と軍事基地に反対し、再軍備に反対することであった。これこそかつて戦争に反対できなかった体験を踏まえ、「平和実現のための具体的方法」を模索したらいてうが、「世界連邦」思想を発見することによって起こした行動なのであった。では、これらの課題に日本の世界連邦運動はどう向き合ったか。次にその点を検討したい。

3　日本の世界連邦運動の軌跡

日本の世界連邦運動は、リーヴスの『平和の解剖』とそれを邦訳紹介した稲垣守克を中心に始まった。その運動の展開過程には「日本的」ともいうべき特徴があった。

第一に、日本の敗戦の受け止め方である。敗戦直後の一九四五年一二月、戦前から憲政擁護運動の推進者として知られる尾崎行雄が、同志の議員とともに敗戦直後の一九四五年一二月に当時の帝国議会に「世界連邦建設ニ関スル決議案」を提出した[13]。

その冒頭の文章は「建国以来ノ未曽有ノ大屈辱ヲ招致シタル吾人昭和ノ住民ハ如何ナル苦難ヲ忍ンデモ之を洗雪シ以テ祖宗ニ謝罪セザル可ラズ其ノ方法ノ一トシテ本院ハ世界連邦ノ建設ヲ提唱シ其ノ実行ヲ速進セムコトヲ切望シ茲《ここ》ニ之ヲ決議ス」とある。続く世界連邦の目標は壮大で、特に「我帝国ノ責務」の項では「軍備ノ撤廃又ハ大縮小」し、その経費をもって「全世界ノ平和問題研究者を優遇」「国際語を調査研究」「漢字廃止」などが挙げられている。日本国憲法誕生以前に「軍備撤廃」を主張したところに尾崎の面目があると言えるだろう。尾崎は「敗戦」を「神武天皇建国以来未曽有ノ大屈辱」と繰り返し、「上下貴賤ノ別ナク大イニ反省悔悟」してその屈辱を「何トカシテ之ヲ洗掃シタキ希望」を世界連邦建設によって実現しようというのであった。当時東久邇稔彦内閣が「一億総ざんげ論」を唱えて話題になるが、尾崎の論もそれに近いといえるだろう。この決議案は採択されなかった。

第二に、尾崎の世界連邦論のもう一つの特徴は、明治維新の版籍奉還と廃藩置県を世界連邦建設のモデルとみるところにあった。つまり封建時代には日本のみならず世界各国が小国（藩）分立してそれぞれ軍隊を持ち戦争したが「文化進歩シテ」国家的統一を実現し、「国内的戦闘ヲ廃絶」した故事にならうべきであるというのである[14]。明治維新は藩という小単位を解消したが、そこに生まれたのは強大な権力を持つ天皇制国家であったことは視野に入っていない。

この点はエメリー・リーヴスの『平和の解剖』にも同様の主張があるとして、国際法学者で戦後国際司法裁判所判事を務めた小田滋がすでに一九五〇年当時批判している[15]。小田は、リーヴスが「人民は封建政府に反抗し、王の主権のもとに中央政府を樹立した。そして……中間的社会単位の間のはてしない戦争をきっぱりと葬り去ったのである」と述べたことに対し、「かうした封建領主から君主への主権の委譲と云ふ歴史的経験をもって、現在の民族国家から世界政府への主権の譲渡と云ふことを、類推して考へる」のは歴史的真実と言えるかと問う。「国家権力は、王権の権力的基礎が一方的に拡充され、独立的権力を圧倒し、吸収して行った結果として生まれ出たもの」だからである、と小田は言う。尾崎が戦前から憲政擁護の旗を掲げ、軍部の台頭によって政党政治が崩壊した経験から軍備撤廃を含む平和構想をもったことは評価されるが、「版籍奉還」によって成立した強大な天皇制国家がアジアにおける侵略戦争を遂行したことへの「反省悔悟」は明言されていない。

第三の特色として、世界連邦建設同盟が一九四八年八月六日に設立された翌年の一九四九年三月、「世界連邦日本国会委員会」が結成されたことである。これはすでに一九四八年の世界連邦建設ルクセンブルグ大会で採択された方針でもあり、前年にイギリスで英国議会のなかに世界連邦委員会が設立され、その議長から賀川豊彦宛てに日本で同様の組織をつくり、横の連絡をとりたいという要請が届いたことによる。賀川らは当時の衆議院議長松岡駒吉に働きかけ、「国会委員会」結成を推進した。その年の一二月までに参加した議員のメンバーには、北村徳太郎、水谷長三郎、森戸辰男、中山マサ、山口シズエ、田中耕太郎、木内キャウ、尾崎行雄、高良とみ、帆足計、藤井丙午《へいご》など一〇四名に達したという。この「国会委員会」は現在も存続し、自由民主党が多数を占めるほか、公明党、日本維新の会、社民党、日本共産党など「超党派」の議員が参加している。こうした政党とのかかわりのなかで、『同盟』（のちに世界連邦建設協会と改称）の憲法問題に対する姿勢が生まれたことは推察に難くない。(16)

そして第四に、戦後公職追放されていた下中弥三郎が一九五一年に追放解除になり、当時運動が停滞していた世界連邦運動の再建をはかったことも特色の一つである。下中は平凡社を起こした人物として知られ、大正期に自由教育運動や教員組合運動などを推進したが、満洲事変以降「皇国日本」を中心にした「亜細亜一家」の形成、つまり「八紘一宇」「大東亜共栄圏」思想を説く「アジア主義」の立場から言論活動を展開、大亜細亜協会の理事長を務めたことが理由となって戦後一九四七年に公職追放の指定を受ける。彼が追放解除になった一九五一年当時、世界連邦建設同盟は内紛や財政困難に直面していた。これを立て直すため多くの財界人や文化人に協力を求め、当時の理事長稲垣守克が下中に入会を請うたのである。

下中は快諾し、平凡社の事業を含めて『同盟』を経済的にも支える役割を果たしたが、最も重要なのは彼の「アジア主義」に基づく世界連邦構想の推進であり、その一歩として「地域連邦」形成をめざす活動であったと言えるだろう。下中が主導した一九五二年の「第一回世界連邦アジア会議」は原爆投下の地広島でひらかれ、下中のいうアジア主義の理想を、かつて武力によって推進した誤りを捨て軍備放棄の平和主義によって実現しようとする一歩だった。下中は世界連邦運動がアメリカやヨーロッパに偏っていると批判、「白人だけでなくアジアからの参加を」と訴え、会議の席上招待されたインドのパール判事はアメリカの原爆投下を批判、そこに人種的偏見があったこと、いまだに謝罪がなされていないことを指摘したという。

第二回アジア会議は一九五四年にふたたび日本で開催されるが、『世界連邦運動二十年史』には、「アジア人だけが会議の主体」とか「欧米人の非を責めてアジアの利益のみを考える」とか、「アジア問題を世界の問題から切り離して解決しよう……という考えは全然なかった。第一回のときもそのような誤解を避けるべく配慮が払われたが、第二回では、日本側出席者全員が、右のような誤解からまったく解放されていた」と記されている。逆にそのような「誤解」があったか、生じるおそれがあったことをうかがわせる記述である。(17)

戦時中大亜細亜協会に参加、「南京虐殺」の責任を問われてA級戦犯となった松井《まつい》石根《いわね》大将の私設秘書を務めたこともあり、下中を「恩師」と仰いで世界連邦運動に参加した田中正明は、後に事務局長を務めるが、自著のなかで、「アジア解放の第一ラウンドは日露戦争であり、第二ラウンドは大東亜戦争によるアジア・アフリカの六十ヵ国に及ぶ植民地からの独立であり」と述べている。(18)しかしそれらの戦争は結局日本に対する原爆投下という人類最大の悲劇をもたらした。したがって二度と武力によらず核兵器を廃絶し、平和世界を実現するには世界連邦が必要である、というのである。田中は、一九五四年のビキニ事件の後下中が詠んだ一首「にくにくし　ビキニの灰の灰神楽　神いかりかも神はかりかも」を引用し、下中がビキニ事件をにくみつつ、それを原爆投下したアメリカへの憎しみではなく、「神のはかりごと」として世界連邦実現へ昇華させようとしたことを語っている。『下中弥三郎—アジア主義から世界連邦運動へ』の著者中島岳志は「下中の構想は、戦前のアジア主義の延長上にあった」と指摘し、「彼の世界連邦論の根幹を支えていたのは、戦前と同じ「八紘一宇」の夢だった。戦後はこれに平和憲法の理想が加わった」としている(19)。

田中が一九六一年下中急逝後『同盟』で重要な役割を果たすようになることも日本の世界連邦運動にある特色を与えたように思われる。下中・田中は、東京裁判で松井の無罪を確信していたというが、結果は死刑判決であった。田中がここから東京裁判でインドのパール判事が「事後法による裁判の無効」を主張したことを「A級戦犯無罪論」として『日本無罪論』を書き、「南京虐殺は虚構」の論陣を張ったことは有名である。その根拠の一つとなった松井石根の陣中日記を田中が復元する際に改ざんしたことも知られている。そのパール判事が世界連邦の支持者であったことから『同盟』は彼を日本に招いたのである。

パール判事（パル判事）は、かならずしも日本の戦争責任を不問にして「日本無罪論」を唱えたのではなかったが、一方で欧米の植民地主義・帝国主義批判の視点から、日本の満洲事変以来のアジアにおける戦争を「アジア解放のため」とみる立場をとり、その点では下中や田中と共鳴する部分を持っていた。来日時にも日本の戦犯やその家族たちを熱心に訪問したことが知られている。『パル判事』の著者中里成章は、戦後も旧大亜細亜協会系の人脈が生き残り、パル判事の「神話化」が行なわれたことを指摘している(20)。

このように日本の世界連邦運動は、かつての「大東亜戦争」を「アジア解放戦争」ととらえる立場を否定せず、しかし原爆投下にみられる戦争の惨禍を繰り返させないために武力廃止と平和的手段によってアジア地域に平和を訴えるという矛盾を背負い込んだのだった。「アジアに世界連邦運動を」という訴えは、なによりも日本が中国・朝鮮・東南アジア諸国に対して侵略戦争を行なったという事実を厳粛に受け止め、その戦争への反省・謝罪があってこそ説得力と可能性が生まれるという視点が、下中や田中の姿勢からは見えてこない。これは世界連邦運動だけではなく、戦後日本の「平和国家」志向の持つ問題点でもあり、それから七〇年を経た「戦後七〇年」をめぐる議論の中で再燃してきた問題でもある。今それに言及する余裕はないが、この点とらいてうが理解し、実践した「世界連邦思想」の運動は、同じではなかった。この違いを検討する必要があるのではないかという点を指摘しておきたい。

しかし、下中や田中は自著の中では「(大東亜戦争は)白人によるアジア諸国の植民地支配に対する独立と解放を求める戦争であった」ことを明言する一方で、原爆投下がしめしたように、武力による平和実現はあり得ないことが歴史の教訓であるとして「無軍備」「無戦争」を強く主張している。そのばあい規範となったのは、日本国憲法九条であった。下中も繰り返し、「日本は軍備を放棄して丸裸になった」と発言している。一九五五年一一月には「戦争放棄を世界に要求する大会」を東京で開催した。[21] それはほとんど下中の独断だったらしいが、原水爆禁止運動の安井郁や労働組合幹部、護憲運動団体メンバーなども出席、上代たのらが議長を務めた。この大会の宣言は、「日本国民が断行した戦争放棄は、今や世界の行くべき道を示すものとなりました」とし、全世界に向かって「一、日本に続いて戦争を放棄せよ。二、原水爆を即時廃棄し、一切の軍備を撤廃する具体的措置に着手せよ」と宣言する内容であった。

日本の世界連邦運動自体は、戦前の「皇国日本」を盟主とする「大東亜共栄圏」思想ときっぱり絶縁したとは言えないが、同時にその再版をめざすものでもなかった。戦前国際連盟事務局に勤務した経験をもち、『平和の解剖』の翻訳者であった稲垣守克や、戦前からキリスト者として協同組合運動を推進した賀川豊彦、ノーベル物理学賞受賞者でアインシュタインらとともに核兵器廃止を求めて国際的運動を展開した湯川秀樹らをはじめ、運動を支持した多くの知識層の人びとは戦前と連動する「アジア主義」志向に与していたとは言えない。これらの人びとにとって世界連邦とはどのようなものであり、それはらいてうの「世界連邦」理解とどのようにかかわっていたのだろうか。以下検討してみたい。

4　世界連邦運動とらいてうの立場

『世界連邦運動二十年史』（一九六九年）は世界連邦建設同盟発行によるもので、いわば公式報告書である。これはらいてう遺品として奥村家に保存されていた書籍のなかにあった。そのことは、らいてうが最晩年の一九六九年まで世界連邦運動に関心を持ち続けていたことを示すものではないか。寄贈されたものか購入したものかは不明であるが、らいてうの一九六九年のダイアリー手帳に「世界連

邦財団法人へ寄付　一〇〇〇〇」という記載があり、当時としては高額な寄付をしたか、する予定があったことを示している。あるいは出版にあたって寄付を送り、完成した本の寄贈を受けたのかもしれない。いずれにしても一九五〇年代に「運動からは身を引いた」というらいてうと一九六〇年代以降の世界連邦運動とのかかわりを考えさせる資料でもある(22)。

その冒頭には、谷川徹三（法政大学総長）、森恭三（朝日新聞論説顧問）、湯川秀樹（WAWF名誉会長）らが執筆している(23)。谷川はリーヴスの『平和の解剖』が、どんな形態であれ主権をもつ個別国家の存在は不可避的に国家間の対立と戦争を引き起こすとし、「個人と人類社会主権制との間に立つ中間的主権体（つまり主権国家）は、その直接的な結びつきを侵してはならない」としたことを「今日では必ずしも支持されていない見解を含む」と保留しつつ、世界連邦政府のもとでは世界法が個別国家ではなく個人に適用されること、同時に世界国家ではなく「世界連邦」であるということは、個別国家の権能は留保され、異なる体制の国家群を包括しうることなどをあげてその構想の実現可能性を論じている。これはさきのらいてう『メモ』の理解とほぼ共通しているといえる。

森は世界連邦はユートピアに過ぎないという批判に対して、「ナショナリズム重視は現実的」で「インタナショナリズム重視はユートピア的」と二律背反的にとらえてはならないという立場から、「日本のナショナリズムは原爆投下体験と戦争放棄を掲げた日本国憲法に立脚し、それゆえ世界連邦というインタナショナリズムを実現せずにはおかない」と両者の融合を説く。田中正明は、森のこの言を引いて世界連邦運動はナショナルな運動だとしているが、ここで森が言う「ナショナリズム」は

「アジア主義」とは異質である。

湯川は、アインシュタインらとともに核兵器廃絶を強く訴えて世界連邦運動に参加するのであるが、現代を「核時代」と呼び、「平和とは、そのままじっとしていて、それで平和であるという意味のものではない」として、核時代の人びとは常に「人類が破滅するかもしれないという恐るべき危機」を抱えているのだから、その危機を克服するためには、まず核軍縮から全面的な軍備撤廃までを視野に入れるべきと主張、しかし仮に軍備を撤廃しても国際紛争は起こるであろうと指摘して、「国際連合が無力であるのは、各国の絶対的な主権を認めたままで連合体をつくっているからである……特に核大国が、利己主義のため、自由に力を行使できることを制限しなければならぬ」と、各国の絶対主権を認め、戦争を容認する現在の国際法規に代わって「いかなる国も従わなければならない世界法」の制定を訴え、各国主権の重要な一部を制限することを認めるべきだとした。「わが国はすでに憲法九条によって戦争を放棄している（主権の一部制限）。従って、いつでも世界連邦に参加できる用意ができている」というのが湯川の主張であった。彼がアインシュタインやラッセルとともに生涯にわたって核廃絶を訴え続けたことはよく知られている。湯川もまたらいてうがそうであったように、核問題という現実に働きかけることを第一義的に課題としたのであった。

これらの主張は、らいてうの『メモ』からうかがえる世界連邦の理解とほぼ重なっている。しかし不思議なことに日本の『同盟』は、日本国憲法九条を世界連邦と結びつけているのだが、運動としては「九条を守る」運動ではなく「九条実現のために世界連邦を」という方向であった。一九五五年一月に開かれた総会で、「活動方針」に「いたずらに人類の破滅を説き、「今すぐ世界連邦を！」と叫ぶだけでは大衆の共感は得がたい」「人類が直面している政治的、経済的、社会的矛盾を克服する一大政治運動を」「そのためにも本年度の活動方針は「日本国憲法擁護」の一点にしぼるべき」とある点をめぐる賛否両論の論争に決着がつかず、けっきょく特別委員会を設置して検討することになったという。(24)六月の臨時総会では、「憲法を守る運動は護憲運動にまかせればいい」「基地闘争、沖縄返還、安保反対……かぎりなく生起する現象に目を奪われ、エネルギーを消耗して世界連邦建設という使命を忘却することは本末転倒」といった反対論が続出したが、おりから憲法改正問題が日程に上ろうとする情勢を受けて、「革新派の主張が支持され」方針は採択された、という。らいてうが違和感を感じた「皇族（東久邇稔彦）を会長にいただいた」のはこの総会である。この年をもってらいてうは理事を辞任、顧問に任命されている。(25)

らいてうは、自ら世界連邦運動に参加を決意したのだが、その時彼女には『平和運動とは、どこまでも具体的な現実的な問題である、只観念的に平和、平和といってゐるたけ《ママ》ではだめである」という意志が働いていたことはすでに見てきた。彼女にとっての「世界連邦」の思想と運動は、一九五〇年「希望要項」にみるように「単独講和反対」と「日本の軍事基地を固定化する安保条約反対」であり、そこから生まれた再軍備反対委員会の活動であり、女性の手で平和を実現しようという強い意思であった。らいてうは「憲法を守りぬく」ことが世界連邦実現への道と考え、戦争のない平和を実現するために憲法を守り、その憲法に反する日米安全保障条約とその条約に基づく軍事基地の提供と米軍駐留に反対し、再軍備反対を訴えたのである。

『自伝』によれば、らいてうが「この声明を出さなければならないという気持ちになった」のは、一九五〇年一月安倍能成《あべよししげ》、大内兵衛《おおうちひょうえ》らの「平和問題談話会」が発表した「対日講和問題についての声明」に「大いに同感」したからであったとされている。その主張の骨子は「全面講和、国連加盟、軍事基地反対、経済的自立」であった。らいてうは、この趣旨を生かした原稿を書こうとしたが、単独講和への動きが加速し、六月二一日には講和促進のためダレス特使が来日したことを知って、「原稿の趣旨を、幾項目かに要約し」ガントレット恒子、上代たの、野上弥生子、植村環らを訪ねて賛同を得て発表したものである。らいてうにとって「世界連邦」の理想は、このように具体的な目の前の現実に対して、憲法が保障する日本の平和を守ることに他ならなかったと言えるのではないだろうか。

しかし『同盟』の活動で講和問題や安保問題、基地問題などはほとんどとりあげることはなかった。機関誌『世界国家』でもほとんど言及されていない。数年後の一九五六年総会では激論の末「憲法擁護」の活動方針を打ち出したものの、具体的な活動は見えていない。なぜだろうか。

アメリカ主導の単独講和・日米安保体制について『同盟』が消極的な態度を取ったように見える理由を考えるうえで示唆的な文章がある。『同盟』創立の中心にいた稲垣守克は、戦前の国際連盟事務局勤務の経験があり、一九二一年には『戦争はしないで済む』と題する小冊子を国際連盟協会から刊行、ヨーロッパにおける第一次世界大戦の実状を実際に見聞して戦争の野蛮さを切々と訴えた人物である。(26) 日本の『同盟』創立の中心になり、『世界国家』誌にも毎号積極的に論考を発表している。そのなかでも重要なテーマは国家主権としての自衛権をどう見るかということであった。稲垣は講和条約調印後の一九五一年、日本国憲法によって「日本人民は自己の武力を以てしては、防衛戦争をすることさえも断念した」と認め、「国軍を持つことなく、そして国軍に交戦権を認めることなく、而《しか》も日本という法治社会（国家）を防衛することは可能か、と問う。それは「外国軍隊をして自国を防衛せしめること」だというのである。すなわち「日本が米国を信頼し、その努力によって安全を保障しようとすること」であり、「防衛条約を結んだ以上は。誠実に協力しなければならない」というものであった。(27)

これは、世界連邦成立にあたって個別国家は軍備を廃止し、世界警察軍に当たるものを連邦が保持するという構想のアナロジーであろう。しかし、日本の現実と安保体制の現実をみれば、それが「世界平和」をもたらす一歩となりえないことは明らかである。尾崎や下中の「廃藩置県が世界連邦のモデル」という説も歴史的事実を見ていないと言わざるを得ないが、国際的経験がある稲垣の発言は、当時の世界連邦運動の一側面を示しているといえよう。

しかし稲垣は、一九六五年『平和の解剖』第三版発行に寄せて長文の「訳者の報告」を掲載、「戦後の世界連邦運動が成長しなかった理由」を考察している。そこには「戦争を防止する」ために「世界警察武力」あるいは「国連平和軍」を創設するという構想が「次第に米国政府の方針と一致するようになった」と指摘している。(28) 一九五〇年の朝鮮戦争において国連軍の名でアメリカが戦争に介入したことを想起させる。稲垣は一九五五年に「日本憲法第九条解釈と改正」という論文で、「国連の集団保障制度」は各国が軍備を持つことを前提としているが、その効果には疑問があるとし、朝鮮戦争に言及して、「中共が北鮮軍に協力した時に、その背後のソ連は国連の重鎮でありながら、南鮮の方が侵略者であると主張していたので、国連の集団安全保障軍は、ソ連の武力を敵とする危険を恐れて、手加減をしてしまった（文中の国名呼称などは原文のまま）」ため、国連軍は「無数の人民が殺傷され国土は荒廃」するのを阻止できなかった、と述べている。(29)

また講和発効後、『世界国家』誌一九五二年一〇月号に登場した市川房枝は、『同盟』の幹部である小《お》塩完次《しおかんじ》インタビュアーに「世界連邦には全く賛成」といいながら「そとからチラっと見た今の世界建設連邦には、何か、なじめない、しっくりこないものがありますね」「たとえば、再軍備問題ですが。あなた方はハッキリ言わないでしょう。それどころか軍備は必要だという人すらある」と問い返している。小塩は「それはアメリカの一部の主張」と釈明するが、市川に「目ざしているゴールは、正しいにしても一足とびには行けんでしょう。その間の一と足一と足の問題をもっと取り上げるべき」と食い下がられて「熱心になればなるほどワキ目もふらぬ。世界連邦オンリーというのが出てくる」と弁明している。(30)

このときらいてうは、「アジア主義」にも、安保体制による「平和維持構想」にも与しなかった。らいてうの未公開資料のなかに、「世界連邦建設運動全国同志大会に寄す」と題した原稿用紙二枚の生原稿がある。これは一九五一年一一月に京都で開かれたもので、当時財政難や幹部同士の「内紛」があり、運動がすすまないことを憂慮した有志がよびかけたものである。らいてうは求めに応じてあいさつ文を書いたと思われ、その草稿と判断される。そこには「今日の世界の危機は、専門の政治家や軍人、また男性ばかりの手で救ふことはできません。是等の人たちにのみ任せていたら、世界は、そして日本は、いったいどこへ行くことでしょう。人類の運命はどうなることでありましょう」とあり、「今、日本の母たちは、一人残らず戦争を心の底から憎み、平和をひたすらに望んでおります。この母たちこそ、過酷な戦争の犠牲に於いて得た唯一の収穫である絶対平和主義の日本国憲法を守りぬくと共に、これを世界的のものにおしひろめたい、切なる念願と決意をもってこの世界連邦運動の旗の下に馳せ参じるべきでありましょう」と書いている。(31)『自伝』の「世界連邦建設同盟で活動」の部分にはこのことが詳述され、メッセージを送ったことが書かれている。ちなみに『自伝』ではらいてう自身が『同盟』の活動に参加した記述はこのことだけで、あとは『同盟』入会後自分がエスペラント語の学習に熱中した記述のみであり、『メモ』に記載されている。

この時期にらいてうが書いた文章には、日本が「みずから進んで、世界平和のために、その主権を制限し、いっさいの交戦権を棄て、軍備を撤廃することを決意し」たとし、「講和の締結によって、日本が軍事的真空状態になることを、今さらのように恐れ、自衛のための再軍備や、日米軍事協定のやむをえざる必要を説くものは、何千万の軍隊よりも、どんな新兵器よりも、理念に根ざした人間精神のはるかに強力なことを知らないからです」という内容がある。(32)この「主権制限論」をめぐっては、今日でも「集団的自衛権は日本国憲法上認められないが個別的自衛権は国家固有の権利として認められる」という見解があるが、らいてうは「国家に戦争する権利はない」と考えていた。ここに最初に触れたように彼女が「世界連邦」を国家ではなく個人を単位とする世界法の支配をうける、と理解したことがうかがえる。日本政府が現行憲法のもとで「集団的自衛権」を容認した現在、護憲の立場から「個別的自衛権は認める」という意見に対し、国際法学者の松井芳郎は「日本は国として、国際法上の権利である自衛権は、個別的・集団的自衛権ともに持っているが、憲法九条はこの自衛権を武力を以て行使することはしないとの立場」と説明し(33)、憲法学者の和田進は、日本国憲法第九条第一項は、第一次世界大戦後の一九二八年に決議されたパリ不戦条約第一条「国家の政策の手段としての戦争を抛棄《ほうき》」および第二次世界大戦の一九四五年の国連憲章第二条第四項「武力行使の禁止」とを併せて「戦争違法化」の原則を明示、さらに第二項で「非武装・非交戦（戦力不保持）」を明記することで「戦争違法化の系譜の上に立ちながら、その飛躍として登場」したとする(34)。現代では国家主権としての自衛権という問題を「戦争違法化」の方向で再定義することが求められているのである。

らいてうが憲法九条の「非武装・非交戦」規定を「主権の制限」と見たのは、世界連邦運動の一つの柱が「国家主権の一部を上部組織『世界連邦』に移譲する」という点にあったからである。では国家の安全保障をどうするのかという問いに、日本の世界連邦運動は「世界連邦の樹立」を最優先課題としたために、現実の課題に対しては明確に答えず、「九条を守る」運動に対し「中立的」立場をとらざるをえなかった。しかしらいてうは「非武装・非交戦」の精神を一貫して持ち続けた。一九六六年、雑誌のアンケートで「日本の防衛にいちばん大切なものは日本国憲法」と答え、「自衛隊が日本の安全を守るものとは思いません。（中略）災害時の出動、国土建設の出動など好ましいとしても（中略）アメリカの世界政策に結びつき、その戦略体制に完全にいれられている今日の自衛隊は、日本を守るよりも、国際戦争に巻き込まれ、日本を破滅に導く危険性のほうがはるかに大きいのではないでしょうか」と述べている。では日本の防衛に関してもっとも効果的な方法は何か、という問いには「日本がいずれの大国にも支配されず、早く真の独立国として、非同盟、中立主義の外交を通じてすべての国と仲よくして行ける道を切り開く」と答えている(35)。

これがらいてうの「世界連邦」に到達する途だったのである。同じ年の二月、「憲法を守りぬく覚悟」と題して「憲法改悪をねらう汚れた手から、あくまでも憲法を守りぬかなければならない」と書いている(36)。

こうしたらいてうの憲法擁護の姿勢と、世界連邦運動の姿勢とはどこが違っていたのか。対比的に言えば、『同盟』は「九条」を「世界連邦そのものの主張だ」としながら、それは世界連邦がなければ事実上無力だという解釈に立ち、世界連邦樹立を第一義的課題にし、現実の課題をいわば棚上げにした。しかしらいてうは「九条」を守ることが世界連邦実現の道だと考えて、その障害になる日米安保条約と軍事基地容認の再軍備コースに反対したということになるだろう。その理想としての「非武装・非交戦」に基づく平和世界こそらいてうにとっての「世界連邦」だったのである。

らいてうが、こうした違いを意識していたかどうかは判断できない。ただ「運動から距離を置いた」という記述は、少なくとも日本の世界連邦運動に満足していなかったことを暗示させるといえるだろう。彼女は理想としての「世界連邦」を実現するために、目の前の現実がしめす日本の平和国家としての危機に挑み、憲法を守りぬくことをうったえたのである。同時に「平和」の一点で一致することを望み、『同盟』の活動を否定するのではなく、世界連邦運動に関心を持ち続け、自分自身が求める「世界連邦」の理想に向かって行動し続けたのであった。

下中弥三郎の提唱によって一九五五年誕生した「世界平和アピール七人委員会」に、らいてうは湯川秀樹や上代たのたちとともに参加し、一九七一年に亡くなるまでメンバーであった。下中は、七人委員会の結成を、世界連邦運動推進のためといい、『アサヒグラフ』の一九五五年一一月三〇日付では、七人委員会のメンバーを「世界連邦主義者」と紹介している。ただし七人委員会の活動は、より幅の広いものであった。事務局長をつとめ、のちに委員としても活動した内山尚三は、委員会内部で意見の不一致が生じたとき、「もう解散しよう」という声が起こるなかでらいてうは「穏やかな口調であったが、私は存続して活動すべきだと思います、とはっきり意見を述べられた」と書いている。[37]上代たのと植村環も存続を主張、女性委員の発言で会の活動は続いたのであった。七人委員会はその後下中を始め初代委員が相次いで死去、一時活動停止状態になるが、その後復活、現在も活動中である。[38]「意見が違っても、一致する点で協同する」というらいてうの姿勢が、「百家争鳴」の世界連邦運動のなかで自ら到達した「世界連邦」思想をつらぬかせたのではないだろうか。

むすび――らいてうの平和思想と現代

『同盟』は、現在「世界連邦協会」として活動中である。二〇〇八年には理事会で「日本国憲法第九条への新見解―憲法平和条項への世界連邦運動協会の姿勢」を決定した[39]。それは現行憲法の第一項と第二項を存続させ、第三項として「前各項の実効を得るため、世界全土にわたり安全を保障しうる世界連邦機構をつくる」を挿入するという案である。経過報告には、二〇〇一年当時、選挙にからんで「改憲派護憲派の何《いず》れかにくみするような立場はとらないという、いわば消極的な面をもつ」立場に立ったが、その後各支部から九条に対する見解を明示すべきだという声が寄せられ、上記見解を決定したという。この見解では、九条を素直に読めば軍隊は持てないことを認め、しかしそれだけでは国家の安全が保障されないとして、「世界連邦の樹立なしには憲法九条は有効性を発揮できないから九条第三項を提案する」としている。

このように日本の世界連邦運動は、その原理に最もふさわしいのが日本国憲法九条であることを認めつつ、現実の憲法擁護運動に対しては「特定政党に与しない」という立場から距離を置き、「世界連邦の樹立」を第一課題にしているように思われる。だが、らいてうは戦時中の苦い体験を経て「なぜ戦争を阻止できなかったか」を自らに問い、戦後も沈黙の時代を経てみずから「平和問題」を学習、日本国憲法と世界連邦思想を「平和実現のための具体的方法」として発見し、そこから現実の課題に対して行動を起こした。それが一九五〇年六月の「非武装国日本女性の講和問題についての希望要項」であり、彼女の「戦争責任」への回答でもあったのである。

らいてうは「律儀な人」である。一九一一年『青鞜』発刊時に「元始女性は太陽であった」[40]を書いたらいてうは、一九二〇年新婦人協会の機関誌『女性同盟』に「社会改造に対する婦人の使命」を書き、『青鞜』時代の自分はまだ社会運動への関心を持っていなかった、と率直に述べ「女性の立場からの社会改造」を主張した。[41]さらに一九三〇年には「婦人戦線に参加して」を書いて、それまでの自分は資本主義の矛盾に対する理解が不十分であったとし、「資本主義組織を切り崩す」ために暴力的革命運動ではなく、相互扶助による「協同自治社会の建設」を宣言する。[42]つまり、ほぼ一〇年に一度、自己の思想と活動を総括し、新しい課題に向かって実践することを宣言しているのである。消費組合で活動していた当時の一九三三年に出版した『雲・草・人』は、一九二〇年代の栃木県佐久山と帰京後暮らした千歳烏山時代を中心としたエッセイ集で、自然の風景とそのなかで生きいきと成長する子どもの姿が美しく書かれ、奥村博史も気に入っていたというが、最初に「こゝに描かれる私の姿はもはや今日のわたくしの姿ではありません。言はゞこの書を出版することそれが私を完全に昨日とすることでもあるのです。そしてそれは又今日のわたくしを明日へ伸ばさんがためでもあるのです」とある。[43]一九一一年以来ほぼ一〇年ごとに書かれた文章は、新しい発見をするたびに明確な自己認識をもって書かれた「宣言」であった、ということができる。

そのらいてうが一九四〇年にはこうした「宣言」を書いていない。戦時体制のもとで市川房枝や

『輝ク』の活動に接近、危うい言説を展開していた時期である。[44]その時期に自己の総括ができないまま戦時体制に入っていってしまったことのあらわれともみられる。奥村直史氏は「平塚らいてうと一五年戦争」（『紀要』六号、二〇一三年）でこの時期を、何事も自分の意志で自己決定してきたらいてうが自分を見失った「動揺と、迷いと、もがきの一〇年」と表現しているが、この点はらいてうの戦時下の言説を理解するうえで重要なヒントになるだろう。

それからさらに一〇年後、戦時中「疎開」というかたちで沈黙し、戦後も市川房枝らの活動にすぐに参加せず沈黙をつづけたらいてうが、一九四〇年の空白の後に出したのが一九五〇年の「非武装国日本女性の講和問題についての希望要項」だったのではないだろうか。この文章は、らいてうが戦後日本国憲法九条を知り、現実の日本に「戦争をしない世界」をつくり出す途を求めて「世界連邦」思想にたどり着き、その実践によって平和世界を築こうとする「宣言」だったのである。それは日本の世界連邦運動がさまざまな政治的要因によって到達できなかった安保条約による外国軍隊の駐留反対をふくむ「憲法を守りぬく」主張であった。ついで一九五四年には、来日した中国の女性代表団に対し、かつて日本の女性が中国に対する戦争を阻止できなかったことを「愧じ」るという文章を書いた。[45]らいてうにとって「世界連邦」は、日本国内の世界連邦運動を超えて日本の戦争責任を自覚し、「ただ戦争だけが敵」という世界平和の理想を実現するためのよりどころになったのである。しかもその担い手は、女性である、とらいてうは主張した。かつて無権利のゆえに戦争に反対できなかった女性（そこには自分自身も含まれる）が「主権者」として「戦争についての責任」を世界に向かって果たさなければならない、と。[46]「女性がつくる平和世界」の思想と行動は、今「すべての戦争の違法化」をめざす流れとなって国際社会に広まりつつあると言えるだろう。[47]

（1）平塚らいてう『元始、女性は太陽であった―平塚らいてう自伝』全四巻（大月書店、一九七一〜七三年。以下『自伝』と表記）。なお、引用に当たっては文庫版を使用した。文庫版の「世界連邦」関連記述は第四巻六九〜七八頁にある。以下『自伝』からの引用は文庫版に拠る。

（2）『自伝』四巻「原本あとがき」文庫版三五三頁。

（3）拙稿「平塚らいてうの平和思想」（『平塚らいてうの会紀要』創刊号、二〇〇八年。以下『紀要』と表記）。

（4）小林登美枝没後「平塚らいてうの会」が継承した資料には、『自伝』のための覚え書きとみられる断片的なメモが多数含まれている。これもその一つと思われるが、一四枚にわたるまとまった記述はほかにほとんど見当たらず、雑誌記事などもかなり正確にメモしているところから「学習記録」の様相も呈している。

（5）黒色の表紙に「昭和十七年」という付せんが貼られた小型ダイアリー手帳に記載された文章。この手帳には、一部「東京初空襲」（一九四二年四月）などの記述があり、「昭和十七年」のメモであることは間違いないが、戦後のできごとについてのメモや一九四七年に疎開地から帰京後始めた俳句などが多数書き込まれているところから、内容の多くは戦後のメモと思われる。引用した文章も、戦後平和問題について学習を始めたときのものと判断される。

（6）『一つの世界』二巻八号は誤植により、一九四八年八月号と九月号がともに二巻八号になっている。らいてうが最初に入手したのは九月号である。

（7）「三井信託銀行」のネーム入りメモ用紙一枚に書かれた断片。用紙に「貸付信託　一口一万円」とあるところから見て、戦後すぐのものではなく『メモ』が書かれた時期に近いのではないかと思われる。

（8）平塚らいてう「軍備縮小問題―ハーディング氏の提議について」（『女性同盟』一九二一年八月号）。なお、「世界民思想」については前掲拙稿「平塚らいてうの平和思想」参照。

（9）『世界連邦運動二十年史』には、第一回アジア会議のときにはらいてうが準備委員であったことが明記されている。ちなみにこのとき赤松常子、市川房枝、植村環、奥むめお、村岡花子らも準備委員であった。『メモ』は『自伝』にかなり取り入れられているが、らいてうがアジア会議に出席した事実は書かれていない。また、同書には一九六〇年一〇月、東京で列国議会同盟（ＩＰＵ）総会が開かれたのを機に「世界連邦東京国際会議」を行なった、とあり、参加者として、らいてうの名が出ているが、『メモ』には記述がない（同書二三四頁）。

（10）田中正明『世界連邦　その思想と運動』（平凡社、一九七四年）。田中正明については後述。

（11）この「希望要項」の最初の原稿をらいてう自身が書いたことは、自筆の原稿が残っていることからも明らかである（市川房枝記念会所蔵）。この原文は『紀要』七号（二〇一四年）に収録。同誌の拙稿「戦後の女性運動における平塚らいてうと市川房枝―資料解説を中心に」参照。

（12）『世界国家』一九五二年三月号。

（13）前掲『世界連邦運動二十年史』資料編より。なお、この決議案に賛成者として連名した主な議員には、西尾末広、松本治一郎、杉山元治郎、星島二郎、安藤正純、三木武吉、北昤吉、今井嘉幸などがいる。

戦時中の翼賛政治に抵抗感を持っていたメンバーが少なくない。

(14) 尾崎行雄「世界連邦の建設」(『一つの世界』創刊号、一九四七年)。ここで、尾崎は「我国では明治維新に際して廃藩置県を断行したと同様に、今度は国家を超越した広汎なる世界的政治機関を設け」るとしている。

(15) 小田滋「エメリー・リーヴス『平和の解剖』―世界政府論に寄せて」(日本法学会編『法哲学四季報』六号、一九五〇年)。

(16) 世界連邦運動協会ホームページによれば、二〇一三年段階でこの国会委員会に所属する議員は自民四一、公明一五、民主二五、維新九、みんな二、共産三、社民二、となっていて自民・公明の与党議員が九六名中五六名を占めていた。二〇〇五年の「戦後六〇年国会決議」には「政府は、日本国憲法の掲げる恒久平和の理念のもと、唯一の被爆国として、世界のすべての人々と手を携え、核兵器等の廃絶、あらゆる戦争の回避、世界連邦実現への道の探究など、持続可能な人類共生の未来を切り開くための最大限の努力をすべきである。右、決議する」と、「世界連邦実現」の文言を盛り込ませた。

(17) 前掲『世界連邦運動二〇年史』「第二回アジア会議」一七一〜一七二頁。

(18) 田中正明『世界連邦　その思想と運動』(平凡社、一九七四年)。彼はこの本で繰り返し、「白人帝国主義の侵略勢力にいかに対応するか(中略)奪われたアジアをどう回復するか」が課題だとし、「日本の世界連邦思想のなかには、このアジア連邦的な思考が一つの流れをなしている」(五一頁)と主張、世界連邦運動を「単にインターナショナルな、あるいはコスモポリタニズムの運動として受け止めるのではない。むしろナショナル的な使命感に燃えて奮い起った運動である」と断言している(同書一四六頁)。

(19) 中島岳志『下中弥三郎―アジア主義から世界連邦運動へ』(平凡社、二〇一五年) 参照。
(20) 中里成章『パル判事―インド・ナショナリズムと東京裁判』(岩波書店、二〇一一年) 参照。
(21) 前掲『世界連邦運動二十年史』一九九～二〇一頁。
(22) 一九六九年『婦人手帳』(らいてうが初代会長を務めた日本婦人団体連合会発行の小型ダイアリー手帳) に記載。
(23) 前掲『世界連邦運動二十年史』「理論編」には谷川徹三、森恭三、湯川秀樹、ノーマン・カズンズ、賀川豊彦が執筆している。下中弥三郎は一九六一年急逝。
(24) 前掲『世界連邦運動二十年史』一九四～一九八頁。
(25) 前掲『世界連邦運動二十年史』によれば、一九四八年『同盟』創立時の理事名簿にはらいてうの名はなく (女性では高良とみ、井上文子、吉出セイ)、その後内紛状態を経て一九五一年、同盟は再発足するが、ここでらいてうは理事に就任している (女性はほかに村岡花子、植村環、奥むめお、福田昌子、赤松常子)。追放解除になった下中弥三郎もこの時理事になった。そして一九五五年会長に東久邇稔彦、事務局長に下中弥三郎という体制が成立、らいてうは理事を退任して「顧問」になっている。
(26) 篠原初枝『国際連盟―世界平和への夢と挫折』(中央公論社、二〇一〇年) 一九〇～一九二頁。
(27) 稲垣守克「自衛権、防衛、軍備―その正しい解釈」(『世界国家』一九五一年一一月号) 三～五頁。当時このような理由から安保条約を容認する意見が流布していたことは、事実である。
(28) 稲垣守克「第三版の発行に際して―訳者の報告 (昭和四十年三月)」(エメリー・リーブス『平和の解剖』第三版、世界連邦期成会出版局、一九六五年)。なお、稲垣はこの第三版出版に際して原著者リーヴスと手紙で話し合ったとき、彼も稲垣が「いわゆる世界連邦運動と称するものに対して貴殿が批判的立場をとって居られることを知り、私はうれしくおもう。事実において真の運動は一度も存在しなかった」と返信、世界連邦運動が「国連や国家政府のごきげんを伺うことに没頭し（中略）互いに争うことに終始していた」と述べたという。これが事実とするならば、一九五五年に理事長の職を退いた後の稲垣が現実の運動に違和感を感じていたのではないか、という推測が可能かもしれない。

(29)　稲垣守克「日本憲法第九条解釈と改正」（『世界国家』第九巻一号、一九五五年）。

(30)　小鹽完治「市川房枝女史と語る」（『世界国家』第六巻一〇号、一九五二年）。

(31)　四〇〇字詰め原稿用紙二枚。一九五一年一一月三日の日付入り。

(32)　平塚らいてう「一つの世界の建設」（『花と平和』一九五一年八月号。『著作集』七巻所収）。

(33)　松井芳郎「戦争違法化の流れと安倍内閣の集団的自衛権行使容認」下（『月刊憲法運動』四三八号、二〇一五年）九頁。

(34)　和田進「平和主義の原点と現在・未来」（渡辺治・和田進編『平和秩序形成の課題』講座　戦争と現代五巻、一七〜三四頁、大月書店、二〇〇四年）。

(35)　平塚らいてう「最後の拠点は第九条――〝日本をどう防衛するか〟の質問にこたえて」（『日本』一九六六年一月号。『著作集』七巻所収）。

(36)　平塚らいてう「憲法を守りぬく覚悟」（『憲法会議通信』一九六六年第一号、一九六六年二月。『著作集』七巻所収。

(37)　内山尚三『内山尚三遺稿集』（第一法規、二〇〇四年）。

(38)　世界平和アピール七人委員会が創立以来発してきたメッセージや声明については、同委員会編『世界に平和アピールを発し続けて―七人委員会四六年の歩み』（平凡社、二〇〇二年）参照。

(39) 同協会ホームページによる。
(40) 『青鞜』創刊号（一九一一年九月）。
(41) 『女性同盟』創刊号（一九二〇年一〇月）。
(42) 『婦人戦線』一九三〇年四月号。
(43) 平塚明『雲・草・人』（小山書店、一九三三年）。引用は「前語」と題するまえがき部分である。
(44) らいてうの戦時下の生活と思想の追跡については、奥村直史「平塚らいてうと一五年戦争」（『紀要』六号、二〇一三年）および拙稿「新資料が語る〈戦争の時代とらいてう〉」（『紀要』七号、二〇一四年。本書第Ⅱ部収録）参照。
(45) 「あいさつ」（日本婦人団体連絡会機関誌『世界の婦人と日本の婦人』一九五四年一二月号）。中華人民共和国からの女性代表団来日歓迎会でのあいさつがもとになっている。「わたくしどもは過去の日本の犯した大きな罪を愧じております。その当時日本婦人はまだ参政権を持たず、政治的には全く無力で、自分の夫や息子を戦場に送り出し、中国人民を大へん長い間苦しめました。このことはおわびの言葉もないほどに心苦るしく思っています」とある。
(46) 平塚らいてう「庶民の中に生れる力」（『婦人公論』一九五六年一月号。『著作集』七巻所収）。
(47) この点に関しては、拙稿「いのちの平和―平塚らいてうの平和思想をめぐって」（『季論21』二一号、二〇一三年）。

（初出）『平塚らいてうの会紀要』八号、二〇一五年。

（付記）　平塚らいてうの「世界連邦」思想と現代

本稿は、らいてうが一九六〇年代初めに書いたと推定される手書きのメモ『世界連邦運動』を手掛かりに、戦後らいてうの平和思想と実践活動を考察したものである。これまでのらいてう研究のなかで、らいてうの戦後平和運動の土台となった世界連邦思想と日本の運動については、ほとんど言及されなかったといってもいい。それはなぜか、という点をふくめて若干の補足をしたい。

らいてうの自伝『元始、女性は太陽であった』戦後編には、戦後日本国憲法九条に出会ったらいてうが「非武装国の日本女性として、世界平和への使命をどのように達成してゆくべきか」を求めて平和問題の学習を重ねるなかで世界連邦思想に共鳴、一九四九年日本の世界連邦建設同盟に入会したいきさつについて書かれている。

しかしその叙述は、一九五五年ごろから同盟の活動に「距離のできた感じ」が生まれたと続き、じっさいに役員を辞退して同盟の活動から離れている。同時にこのくだりの最後は「といって、わたくしの世界連邦に対する、信条というものは不変です」とあり、らいてうが日本の世界連邦運動の動向に違和感を持ちながらも、「世界連邦思想」については共感し続けたことがうかがわれるが、これ以後『自伝』には世界連邦についての記述は出てこない。

またらいてう没後編集された『平塚らいてう著作集』（一九八三〜八四年刊行）の第七巻（戦後編）には一九五〇年代前半までの時期に世界連邦への期待を語る文章が多数収録されているが、この巻の解説（担当丸岡秀子）ではらいてうの「世界連邦思想」については言及していない。これまでの平塚らいてう研究は、『自伝』と『著作集』を主な資料として論じられることが多かったが、そこからはらいてうの「世界連邦思想」の全容はかならずしも明確にとらえられたとは言い難かった。

その理由の一つは、『自伝』が一九六〇年代初めまでの記述でおわっているところにあるということができる。一九七一年に亡くなるまでの一〇年足らずの間に原水爆禁止運動をはじめとする日本の平和運動は国際情勢の変化を受けて激動する。それらの動向とらいてうとの関係はほとんど明らかにされていないのが現状である。さらに戦後の部分はらいてうの生前には完成せず、編集者の小林登美枝氏の手でまとめられたといういきさつがある。小林氏は「戦後編」を完成させるにあたって「らいてう先生のご生前に、お話をうかがってまとめたものに、先生が目を通された部分と、お話がうかがえなかったため、（中略）私が補綴した部分から成っています」（『自伝』あとがき）と明記し、自身の意見で書き加えたものはないと言っている。それらの資料が小林氏の没後NPO平塚らいてうの会で保管されてきた資料であることはほぼ間違いないが、そこに一九六〇年代以降もらいてうが「世界連邦思想」に深い関心を寄せ、その実現をねがっていたことを示すメモやはがき、関連の書籍などが含まれていたことについては割愛されたと思われる。また小林氏がらいてうに聞き取りをしたと思われる「取材ノート」も、一部を除いてのこっているが、そこに世界連邦に関連する聞き取りはわかっている範囲では見あたらない。こうした経過から、『自伝』戦後編にはらいてうの「世界連邦思想」についてほとんど書き込まれなかったのではないかと推察される。なお、これらの資料は現在法政大学大原社会問題研究所に寄贈され、公開されていることは本書収録の「大原社研へ寄贈する「らいてう資料」の概要」を参照されたい。

しかし、より重要と思われるもう一つの点は、本稿で詳述したように、らいてうが「違和感を感じた」という日本の世界連邦運動の動向である。本稿で分析したとおり日本の世界連邦運動は、戦前国際連盟で活動し『戦争はしないで済む』という著書を持つ稲垣守克が中心になって一九四八年に世界連邦建設同盟が結成された。らいてうは日本国憲法九条の「非武装・非交戦」の規定を「世界連邦」の「国家主権を制限し、いっさいの交戦権を棄て、軍備を撤廃する」という提起と一致するとみて賛同したのだった。

しかしその後、一九五一年に追放解除になった平凡社社長の下中弥三郎が運動を支え、一九六一年下中急逝後は「南京虐殺幻論」を主張する田中正明が同盟の事務局長として運動の中心になるなど、日本のアジア侵略を「アジア解放戦争」とみる傾向が強まったことに、らいてうが違和感を持ったであろうことは理解できる。戦後のらいてうが平和問題の学習を通じて日本のアジア諸国への侵略戦争を深く反省して「お詫び」しなければならぬという認識に到達し、一九五〇年の「非武装国日本女性の講和問題についての希望要項」を公表して以来平和運動にかかわるようになり、一九五三年に全日本婦人団体連合会（婦団連）結成とともに乞われて会長に就任、国際民主婦人連盟（民婦連）などの国際組織ともつながりを持つようになったことと日本の世界連邦運動に距離を置くようになった時期がほぼ一致しているのには、こうした理由もあったと思われる。

『自伝』では、同盟が皇族や保守系の著名政治家の名を連ねるようになったことへの不快感が生まれたという言い方をしているが、「意見が違っていても一致できる点で協力を」と考えるらいてうの姿勢から見るとそれだけではなかったという気がする。一九五五年、下中の提唱で「世界平和アピール七人委員会」が発足したとき、らいてうは下中とともに参加、一九七一年の死去のときまでメンバーの一員であった。七人委員会は世界連邦運動とは別の組織であったが、メンバーの一人湯川秀樹は一九六一年から六五年まで世界連邦世界協会会長を務め、「世界は一つ」「核兵器のない世界」の実現をめざして活動、一九七一年らいてう死去の際は京都から東京の告別式にスミ夫人とともに出席している。

しかし、一九五〇年代から六〇年代にかけての冷戦体制のもとで、日本の平和運動は分裂を余儀なくされる状況にあり、「意見の違いがあっても一致点で」というらいてうの姿勢は現実の運動のなかでしばしば困

最晩年のらいてう（成城の自宅で，1965 年または 66 年ごろ．奥村直史提供）

難にぶつかったと思われる。一九五〇年代に婦団連会長や国際民婦連副会長などの要職に就任しながらも短期間で辞任を申し出ているのは、らいてう自身の運動のリーダーとしては不向きな性格もあったかもしれないが、こうした複雑な政治情勢に直面した葛藤もあったのではないかという気がする。にもかかわらず「世界連邦への信念は不変」という『自伝』の書き込みは、この巻を編集した小林氏に託されたらいてうの意思だったとみていいだろう。

　このように、らいてうの「世界連邦思想」は、晩年に至っても変わらなかった。その核心は「どんな国家も国家主権の行使によって戦争をする権利はない」ということと、そのために「個別国家は軍備を持たない」というところにあった。らいてうはこの二点を明示したのが「非武装・非交戦」を掲げた日本国憲法九条であるとして「すべての戦争をなくす」平和世界をつくることが「非武装国日本」の使命だと考えたのである。二〇一五年に書かれた本稿は、その思想が「すべての戦争の違法化」をめざす流れとなって「国際社会に広まりつつある」という指摘でむすばれているが、その後ロシアのウクライナ侵攻やイスラエルのパレスチナ攻撃などの国際紛争が激化する一方、二〇一七年核兵器禁止条約の国連採択、二〇二四年日本原水爆被害者団体協議会のノーベル平和賞受賞などの動きによって核戦争を含む「すべての戦争をなくす」国際世論も高まっている現代にあって、らいてうの思想をどう生かすかが問われているのではないだろうか。

沖縄戦の体験者の聞き取りを続けてきた石原昌家氏による『沖縄戦　沈黙に向き合う―沖縄戦聞き取り47年―』(インパクト出版会、二〇二三年)は、沖縄戦の惨禍から生まれた「命どぅ宝」の思想が「世界連邦政府」構想につながると提起している。沖縄では一九五三年に世界連邦建設琉球同盟が結成され、二〇〇四年に世界連邦婦人の会沖縄支部が誕生している。石原氏は本書で、第一次世界大戦後沖縄の比嘉静観牧師が「世界人主義、コスモポリタニズム」を基礎に「無戦世界」という「国家や社会を構想」したことを「世界連邦政府」の原型とみているが、同じ時期にらいてうが「世界民」という思想にたどりついていることと併せて興味深い指摘である。石原氏は本書で、二一世紀の現在も自民党から共産党までの超党派議員による世界連邦日本国会委員会の存在、二〇〇五年衆議院で、二〇一六年には参議院で「世界連邦実現への道の探求」を盛り込んだ国会決議が実現したことを高く評価している。沖縄戦とアメリカの占領支配を経験し、今も辺野古の軍事基地建設反対運動が続いている沖縄で、らいてうの「ただ戦争だけが敵」という「核も戦争もない平和世界」の構築をめざす思想が生きていることを実感させる指摘である。遠く第一次世界大戦の時代から、「戦争と平和の時代」を「迷い、もがきながら」生きたらいてうの平和思想は、没後五〇年以上を経た今こそ受け継がれなければならないことを付記したい。

三　平和とジェンダー
——「男性支配の暴力」から「女性参加の平和」へ

はじめに

「平和」という概念に性別を付与することは本来無意味である。にもかかわらずこれまで「平和」というテーマは、しばしば「平和の女神」などというように「女性」イメージで語られてきた。それは「平和」の対立概念としての「暴力」「戦争」が「男性」イメージで受け取られるのと同じようにジェンダーによる偏見にすぎない。「平和主義」でない女性もいるし、男性もまたすべて「暴力主義」ではないからである。

しかし、では「女性の平和」という発想はジェンダー意識の産物にすぎず、「平和」の問題を論じるさいの有効性はまったくないのだろうか。問題は、これまで「男性支配による暴力」が「女性参加による平和」よりもはるかに政治的優位に置かれてきたことである。つまりこれまでの歴史のなかで、国家を動かし政治を担う役割は「暴力」としての武力と、それを行使できる権力を持つ「男性」に割り当てられ、戦争はその結果として戦われてきた。そして「平和」をのぞむ「女性」は政治的に無権利であったり、政治参加が男女平等ではなかったために「男性」の「暴力」の下にひれ伏し同調するか、あるいは暴力の結果である戦争を受容する役割を割り当てられてきたといえる。

多年にわたる侵略戦争と「原爆投下」に集約される悲惨な戦争体験を経た日本は、戦後女性参政権を実現、「非武装・非交戦」を掲げる日本国憲法第九条とともに、国民主権と男女平等、生存権、個人の尊厳をはじめとする基本的人権の諸条項を実現した。このことは、たんに日本が平和主義に転換したというだけでなく、日本国憲法の「平和」の理念が、前述のような「男性支配による暴力」から「女性参加による平和」へという政治原理の転換を不可避としたことを意味する。しかし、戦後日本の平和運動が大きな成果をあげてきたことを前提としつつ、しかもなおそれが「男性支配」から「女性参加」への転換であったことは十分認識されなかったように思われる。「女性の平和」という視点は男性だけでなく女性自身の側でも明確に意識されてこなかったのではないだろうか。

ここでとりあげたいのは、第一に戦後日本の平和運動の原点として「戦争体験」はどのようなものであったかを検討し、ここから生み出された平和構想をたんに「女性の問題」としてではなく、すべての人びとの課題として普遍化すること、第二に二〇世紀を通じて行なわれ、今も繰り返されている戦争（民族紛争や内戦における武力行使を含む）を「性暴力」の視点からとらえ、その集中的表現である「慰安婦問題」を中心に、「男性支配型原理としての暴力」が優位に立つ社会を、「女性参加型原理としての平和」が優位に立つ社会につくり変える可能性を追求することである。そのことは、第三に今日の世界平和確立の課題において、すべての分野から女性差別をなくし、女性が「参加する」だけでなく「女性のイニシアティブ」による平和運動をすすめることによって「戦争しない」世界をつくる途を開く展望をも提起することになるだろう。

一　女性の戦争体験と戦争認識

(1)「いのち」を問う女性たちの戦争体験

戦後七十余年を経過した今、「戦争体験者」は少数になりつつあるが、これまでに記録された「女性の戦争体験」はおびただしい量にのぼる。とくに一九七〇年代以降、各地の地域女性史サークルや自治体単位で取り組まれた地域女性史の取り組みのなかで、「戦争体験」は主要なテーマのひとつであった。それは、夫や息子、父や兄といった肉親を兵士として戦場で失った体験にはじまり、空襲や原爆投下、沖縄戦、また満蒙開拓団で現地での敗戦などによって、日常生活の場がある日突然「戦場」と化した修羅場に投げ込まれた体験、さらに食糧難や学童疎開、勤労動員、防空演習、慰問袋つくり、千人針といった「銃後活動」の経験など多岐にわたっているが、共通しているのは、多くの女性がそのような戦争体験を通じて「戦争は悲惨なもの」という実感をもち、「二度と戦争を繰り返してはならない」という思いを抱いていることである。

これに対し、一九八〇年代に入ってから「女性の戦争体験には日本が戦争で加害国になった事実、その戦争責任の一端を女性たちも担っていたことの自覚が弱い」という批判や反省が生まれてくるようになった。たとえば一九八三年に『日本女性史研究文献目録』（東京大学出版会）が最初に刊行されたとき、女性の戦争体験については「戦争の意味を様々な体験を通して訴え」と記述するにとどまっていたが、一九八八年刊行の『Ⅱ』では「女性の戦争協力という側面への反省」として「侵略戦争の被害者となったアジア諸国の女性たちの記録」についても言及、さらに一九九四年刊行の『Ⅲ』になると、「戦争体験については、かってそれが被害者としての側面に偏り加害者としての側面への認識が欠けていたことへの鋭い批判の声」に留意すべきであるとして、「従軍慰安婦問題を含め、日本が十五年戦争を通してアジアでしてきたことを知り、そのことへの責任を私たち一人一人が感じることが必要」と述べている。では「被害体験」としての女性の戦争体験を語ることは、自国の戦争責任を不問にしたまま一般的に「戦争はいや」という情緒的なレベルにとどまるものとして批判されるべきだろうか。そうではないと思う。なぜなら、戦後女性が自分自身の戦争体験を語ること自体が戦後の政治過程のなかで拒まれてきた経過があり、女性が自らの体験を語りうるようになるためには一定の歴史的経過が必要だったからである。

戦後アメリカ占領下においては、アメリカ軍による空襲や原爆投下などの残虐行為を語ることはタブーであった。一九五二年の講和条約発効によってようやく女性が自らの戦争体験を語ることが可能になったとき、それはこうした受身の状態から抜け出す契機となった。そこでまず女性たちの悲惨な戦争体験が語られたのである。占領軍批判になるという理由で報道できなかったばかりか、偏見によって沈黙を強いられた原爆被害の実態も長い時間をかけてではあるが公表されるようになり、「戦争被害者」としての女性の証言は日本国内に再軍備への危機感を育て、反戦平和の世論を広めるうえで大きな役割を果したしたといえる。こうした女性の「被害体験」証言からうかびあがった特徴の一つが「いのちへの愛惜と執着」というテーマであった。

戦争体験はもちろん男性も多く語っているが、女性のそれと異なるのは男性の場合「兵士」として直接戦場に赴いた体験を語る例が少なくない点である。それはしばしば自己の意思に反してであるにせよ「殺す」側に立たざるを得なかったものの痛切な自己反省をともなう証言としてあらわれる。しかし女性はどうか。女性ももちろん「従軍看護婦」などの戦場体験を持っているが、その場合でも直接武器を取って「殺す」側に立つことはなかった。圧倒的に多いのは前述したように日常的な生活の場で「非戦闘員」として攻撃され、戦火のなかを無防備で逃げまどった体験である。そしてそのなかでも際立つのが、そのような日常生活の場で戦火により子どもを死なせた母親の体験であった。前近代は別として、近代以降の日本が行なった戦争は、日清・日露戦争をはじめすべて「他国」を戦場とする戦争であった。アジア・太平洋戦争の末期になって女性たちは、はじめて「戦争」の現場に投げ出されたのである。それは女性にとって衝撃的な経験であった。

とくに注目したいのは、広島・長崎に投下された原爆の体験である。史上例を見ない残虐兵器として一般市民の大量殺戮を引き起こしたが、ここでも無数の少年少女を含む子どもが殺され、かろうじて生き残った親たちのもとには遺体さえ戻らなかった例もある。広島・長崎の被爆者六七四四人を分析対象とする『原爆体験―六七四四人・死と生の証言』では「極限状況の母と子」という項目を立て、

「子供を抱いて坐ったまま焼死している」母親、「(子供を)かばっておおいかぶさって」死んでいる母親、「首の無い我が子を背負い、狂気のように走り去る」母親などの目撃証言を収録している。(1)

こうした体験から女性たちは、失われた子どもの「いのち」を愛惜するとともに「あきらめられない」という意味で執着する。その思いはもちろん父親である男性にも共通であるが、母親の場合いっそう強く記憶され、記録されるといえるだろう。たとえばこういう手記がある。広島で勤労動員に出ていた広島二中の一年生三二二人は八月六日朝、爆心地近くで被爆、全滅するのであるが、息子を失った母親は「その夜防空壕の中で主人と大喧嘩をはじめました」という。あの子はあまり丈夫ではないから田舎の学校に入れようと相談していたのに、「主人がどうぜ死ぬのなら親子一緒がいいよと反対」し、結局原爆で死んだ。「あなたが殺したも同然」と父親を責める。父親は「何を言うか、運命だよ、運命じゃないか」とどなり、「宮様や局長も亡くなられた。家の子供くらい物の数ではないぞ」と言い返す。母親は「局長が何人死んでもよい、家の子供が死ななければいいんだ」と声を上げて泣く。しばらくすると父親は外に出て泣いていた、というのである。(2)父も母も子どもの死を悼む思いは変わらないと思うが、それを一方は「運命」と言い、他方は「家の子どもさえ生きていてくれたら」と思う。戦争によって理不尽に断ち切られた「いのち」への痛切な愛惜が、「あきらめられない」という「いのち」への執着をもたらすのである。

そのこととあわせて重要だと思われるのは、女性が「産む性」として戦争に向き合った体験である。この点はこれまでしばしば「健民健兵」「生めよ殖やせよ」「国民優生」など、生殖そのものが戦争遂行の道具としてつかわれた問題として取り上げられることが多かった。しかし前述の広島・長崎の被爆者調査では、戦後「子どもを産むことや生まれた子供の健康・将来のことに不安を抱く」被爆者が少なくなく、その不安のために「子どもを産むことさえ断念した」という回答も少数ではあるがあったことを明らかにしている。「産む性」としての女性が戦争にどうかかわったかについては後述する。

女性の多くが母親として子どもとともにあるという構図自体は、しばしば指摘されるように「子育ては女の仕事」という性役割の反映でもある。戦前の日本では「家」制度と良妻賢母主義のもとで女性の性役割がきわめて強固であったことはまちがいない。しかし同時に女性が子どもとともに戦争の現場に居合わせてその死に直面、「あきらめられない」というかたちで「いのち」に執着することが、「いのち」をかけがえのないものとする戦後日本の平和主義を形成していったとみることも可能である。「被爆」体験に象徴される女性の戦争体験は、このような「いのち」の認識によって日本国憲法九条の「非武装・非交戦」条項の受容につながっていったといえるのではないだろうか。そしてそれは、日本独自の平和運動ともいうべき「母親運動」の原点になった、といっていいだろう。

(2) 平和運動としての母親運動

日本でよく知られている「母親運動」は、一九五五年六月に第一回日本母親大会が開催されてから半世紀以上の年輪を刻み、二〇二四年には六九回を数えることになった。その出発点は一九五四年三月一日、日本のまぐろ漁船第五福竜丸がビキニ環礁でアメリカの水爆実験に遭遇して乗組員が被爆し、九月にその一人久保山愛吉が死亡するという事件であった。この年の九月、当時国際的な女性運動団体である国際民主婦人連盟（国際民婦連）の副会長だった平塚らいてう、同じく評議員であった丸岡秀子、浜田糸衛、羽仁説子、高田なほ子、千葉千代世は、連名で国際民婦連宛てに「全世界の婦人にあてた日本婦人の訴え―原水爆の製造・実験・使用禁止のために」と題するアピールを送った。それは同年一一月にベルリンで開かれた国際民婦連執行国会議に伝えられ、会議は「全力をあげて協力」を約束、世界母親大会準備会が発足した。翌一九五五年二月、ジュネーブで国際民婦連の評議員会が開かれ、「世界母親大会準備」が討議の柱となった。ここに羽仁説子、丸岡秀子、鶴見和子、高良とみ、本多喜美の五名が出席、その年七月にスイスのローザンヌで開かれた世界母親大会に発展する。これと平行して六月に第一回日本母親大会が東京で開かれ、現在につながる運動の出発点になった(3)。この経過からわかるように、母親運動の出発点は、平塚らいてうが中心になって国際社会に訴えた一九五四年九月の「日本婦人の訴え」であり、その中心課題は「原水爆の製造・実験・使用禁止」であった。

このときの「訴え」が原水爆禁止を強く訴えるものであったことについて、らいてうの『自伝』にはもう一つ注目すべき記述がある。これはこれ以前、すでにらいてうは原水爆禁止の国際的なアピール活動を起こしていた、ということである。七月二九日付でらいてうの手元にイギリスの平和運動家で国際民婦連副会長のモニカ・フェルトンからイギリスで水爆実験禁止と原子兵器廃棄要求を拡大するために「日本の婦人運動に直接参加している方で、原子戦争の恐ろしさを体験した方」に来てほしい、という書簡が届いた。しかし公然と原水爆禁止を訴える人物にイギリス政府が査証を出さないことは明白で、あくまでも個人招待のかたちで来てほしい、というのである。この点は日本政府も同様で、こうした目的が公然化すれば旅券が発給されないことは明らかであった。そこで「人選の第一歩から、準備はすべて秘密が要求され」、婦団連と相談しながらではあったが、らいてう個人の責任で人選するというかたちになったという。最終的に本多喜美を含む二人の医学博士と広島・長崎の被爆体験者（いずれも女性）が選ばれ、英国社会主義医師協会会長ホレス・ジュールス博士の招待ということでようやく入国できた、と『自伝』には記されている。一行は三月一三日に英国到着、約一ヵ月にわたってスライド説明を含めて六〇回に及ぶ講演を行ない、その後もベルギー・西ドイツ・デンマークなどに分かれて訴えを続けた。らいてうは『自伝』のなかで「当時事情があって公表されないままであったのですが、いまここで明らかにしておかなければならない」と語っている。[4]以上のような経過は、平和運動としての母親運動を考えるうえで示唆的である。[5]

一方、一九五四年に第五福竜丸事件が起こって以来、日本国内では原水爆禁止を求める大きな運動が広がっていった。全国にさきがけて署名運動をはじめたのが「杉並の主婦」であったといわれるとおり、運動の担い手の多くは女性であった。それは翌年八月広島で開かれた第一回原水爆禁止世界大会に発展する。では、同じ時期にどちらにも女性が参加する原水爆禁止を求める国際集会が二つ開かれたのはなぜか。

この点について、母親運動の中心にいた山家和子の証言は興味深い。山家はＰＴＡの活動家だったが、地元豊島区で開かれた第一回母親大会に出席して感動、以後母親運動に参加して一九六一年から事務局長を務めた。彼女によれば、「（母親運動と原水禁運動は）どちらも『平和』だけれど、『子どもたちを』とついているところが、原水禁とちがうんです」といっている。「原水禁の運動のほうはこれはもう『原水爆禁止』で、母親大会のほうは『私たち日本の母親は子どもたちを』でしょう。……原水禁運動は、言えば平和一本の運動……。『母親』のほうは……必ずしも平和の問題だけではなかった」というのである。では、「母親運動は平和運動」とはいえないのか。山家は続けて「日本母親大会は平和ということが原点にあるけれども、むくつけには平和の問題をとりあげてこなかったんですよ。……子ども、子どもというのはなぜか。子どもというのは未来に生きる人間でしょう。それを今育てているわけです。さっきから母親運動は平和の問題ばかりでなくて、日常茶飯事のところが大事だといいました。そういうふうにしなけりゃ子どもは育っていかない」とも述べている。(6)母親である山家の「日常茶飯事としての平和」という感覚が、彼女を母親運動にひきつけさせたのである。

母親運動が提起したものは、じつは母親運動が平和運動の一部を担ったというだけではなく、「女性が参加する平和」のひとつの典型であったといえる。その特徴は第一に、「日常茶飯事」のこまごまとした生活を担う生活者としての実感から生まれる平和感覚であり、第二に「母親」が、わが子を生み育てるというだけでなくより普遍的な「いのち」の守り手として登場するということであろう。「母親運動の生みの親」といわれる平塚らいてうは、母親運動に期待をかけて一九五七年、これまでの日本の母親は自分の子どものことだけしか関心を持たなかったが、最近はちがう、「最近見かけるお母さんは自分の子どもとともに他人の子どもにも母らしい愛と関心をもち、子どもたちの問題を自分ひとりだけではなく、親たちの努力で、あるいは親と社会や国との努力で解決しようと考える方向に、現実の生活のなかでめざめてきたようです」と書いた(7)。それは、被爆体験を持つ日本で、「いのち」の問題に直面した「産む性」としての女性が、平和運動の主体として登場することによって、はじめて可能になった思想と運動であったということができる。

しかし、一九五〇年代にはじまった母親運動にはまだ意識化されない課題があった。その一つは母親運動が生み出した「日常茶飯事」と「いのち」をふまえた平和論を、「女性の運動」としてだけでなく男性を含む普遍的な平和構想と運動として構築するという点であり、もう一つは、最初に提起したように戦争の被害体験から出発した女性たちが、どのようにして「戦争責任」を自覚化し、そこから平和構想を提出してゆくかという課題であった。前述したように多くの女性は直接戦場に出ることがなく、沖縄のように戦場化した現場にあっても武器をとって人を殺す側にまわらなかった。その女性たちにとって、「戦争責任」の自覚化は、すぐれて自分自身を自立した個人として確立し、自らの「負の体験」をみつめることによって体験を論理化するという思想的な営みをともなう作業であったといえるだろう。それを可能にしたものは何かを検討したい。

2　戦争・暴力批判におけるジェンダー視点

（1）女性が「戦争責任」を引き受けるということ

戦後日本の女性の戦争認識が「被害体験」にとどまり、「加害責任」の自覚に及ばなかったという批判について、むしろそれが「いのち」を中心に据えた平和認識に到達する必然の過程であったとみるべきだということは前節で述べたとおりである。同時にもう一つの課題として一九八〇年代以降、日本の女性たちが、「被害体験」を見すえつつ「あの戦争」が日本のアジアに対する侵略戦争であったこと、その戦争の加害責任への償いが政府レベルにおいて未だに果たされていないことを知り、直接戦場に出て人を殺す行為に加担しなかったにせよ、戦争を阻止することができず「銃後の守り手」として戦争を支える役割を担った女性の「戦争責任」を自ら引き受けてその「償い」を果たそうとするにいたったという点に注目しなければならないと思う。それはいつ、どのようにして可能になったのだろうか。

女性の戦争の「被害体験」が「戦争責任の自覚」に転換するためには、もう一つのきっかけが必要であった。それは、戦時中無権利であるがゆえに戦争について発言することができず、「お国のために」といわれてそれを信じたことへの痛覚に満ちた記憶の再生である。戦時中の女性は参政権はもちろん、教育でも差別され、主婦が新聞を読むことでさえ自由ではなかった。仮に読んだとしてもそこに戦争の真実はほとんど報道されず、それを疑うことさえ不可能だった。戦争はある日突然やってきて、ある日突然終わった。そのどちらの決定にも女性は参加していなかった。日本の敗戦を知った一九四五年八月一五日、一二歳に満たない小学校（当時は国民学校と呼ばれた）の生徒たちは日記に「にくき米英今に見ろ。きっとかたきをとってやるぞ」と書き、一九歳の若い女教師は「明らかに降参したわけである。くやしいくやしいくやしい」と書いた(8)。

ここから出発して、女性たちは戦争が侵略戦争であったこと、アジアの女性たちが受けた被害がどんなに大きかったかということを知り、「被害意識」から「加害意識」への転換を果たしてゆく。

作家郷静子《ごうしずこ》は戦時中女学生だったが、「当時の私は無知で無自覚であったために、戦争のただ中にいながら、何も見えなかった」と回想する(9)。同じく敗戦のとき一七歳だった作家田辺聖子は、作品のなかで「戦時中の私は『生けるしるしあり』とは思わないくせに強いてそう思おうとしていた。自分の本当の気持ちに蓋《ふた》をし、オモシをのせていた」と書いた(10)。敗戦のとき一三歳だった関千枝子は八月一五日の夜、惨禍に静まりかえった広島のまちで、遠く地響きのような物音を聞く。それは解放感に満ちた朝鮮人のグループだった。「日本はすぐれた国であり、朝鮮人は喜んで併合され、日本人になったことを誇りに思っていると習った」のに、「なにかちがっている。今まで教わったことはみなちがっている……」と感じた関はやがてジャーナリストになり、その「ちがい」を追求しつづけて「子どもながらも加害者の一端につながっていた」ことに激しい悔恨と憤りを持つようになる(11)。

こうした思想的営みを戦後自らの学びを通じて続けてきた女性もいる。結婚後一年も経たぬうちに夫が出征、戦死という悲運に出会った主婦小栗竹子は、敗戦を迎えたとき「『お国のため』という一言に諦めようとしていた夫の死も、まったく無意味になってしまった」ことに断腸の思いを抱き、幼い子を抱えて苦闘する「戦争未亡人」の日々を、亡き夫への手紙というかたちで記録する。靖国神社にまつられた夫のために参拝を続けてきた彼女は、「あなたが時々戦争に対して疑問を持ち、軍隊の機構に対して憎悪」していたことを思い出し、「あなた方の犠牲の上に今日の隆盛がある」という追悼文に違和感を感じるようになる。やがて「私が靖国神社をお詣りするということは、かつての軍国主義によって作られた観念であなたを思い出すことですね」と気づき、戦後四〇年目の一九八五年、彼女は夫が望まなかったにせよ侵略軍の一員として足を踏み入れた中国に「軍靴にて君踏みし跡を妻われの訪ね行かばや赦《ゆる》し請ふべく」と「謝罪の旅」を実行するのである。[12] 六人の子の母として専業主婦に徹し「お国のために」を疑わなかった米田ひさは、一六歳の息子を少年兵として戦死させ、敗戦後「あの子の一生はいったい何だったのか。……きのうまでお国のためにとはげました人々は生きのこり、(息子) ひとりだけが逝ってしまった」と自らを責め、「私の生涯に／無知による犯した数々の／戦争犯罪をひとりくやしむ」とうたった。[13] これらの事例は、最愛の肉親を戦争で失うという「被害」体験と痛切な「いのち」への愛惜をバネにしつつ、自ら「戦争の片棒を担いだ」という「加害」認識にたどりつく主体的な認識形成過程を示している。ここに女性自身が戦後日本国憲法によって主権者となり、基本的人権を獲得することにより自らを権利主体として確立するプロセスがあった。

もちろんその主体確立は戦後簡単に実現したのではない。日本国憲法制定 (手続きとしては「大日本帝国憲法」の改正) にあたって当時の議会では、二四条に対する抵抗がきわめて強かった。特にこのときまだ存続していた貴族院では、「家」制度解体と男女平等への反対意見が続出、「本質的平等というのは実際には差別があってもいいという意味だ」という珍説まで出たという。その結果、当初GHQ草案 (ベアテ・シロタ・ゴードン執筆) にあった婚姻と家庭生活の立脚点としての「親の支配ではなく」

「男性の支配ではなく」という文言は削除された。[14]それでも「個人の尊厳」と「両性の本質的平等」は残されたのだが、じっさいには個人を家族に包摂するシステムは存続したといっていい。

現行戸籍制度では、夫婦とその子は「同氏」でなければならず、これが「選択的夫婦別姓」の壁になっている。「世帯」制度も、じつは異性との法律婚によって成立する家族を自明の前提とし、しかも世帯主（単身でない限りほとんど男性）に主として生計の責任を負わせるという家族システムを再生産してきた。政治参加についても教育の分野でも労働の場でも、戦後七〇年以上経った今日なお、日本は国際社会にあって女性の地位が低いことで「有名」である。

その壁を超える動きは、女性が憲法に保障された「人権」を紙に書かれた文言としてではなく、自分自身のものとして主体化するところから広がった。その画期となったのが一九七五年の「国際婦人年」である。

(2)「女性の人権」と「慰安婦問題」

国連が取り組んだ一九七五年の「国際婦人年」および一九七九年の「女子に対するあらゆる形態の差別撤廃条約（女性差別撤廃条約）」採択は、日本にも大きな影響を与えた。日本政府が批准したのはいわゆる「先進国」レベルでは遅いほうで一九八五年であったが、批准と同時に国内法との整合性が問われ、家庭科の女子のみ必修や国籍法の父系制規定（日本国内で生まれた子どもに対し、父が日本人である場合のみ日本国籍を付与）の是正などが行なわれた。また一九八五年には「男女雇用機会均等法」、一九九九年には「男女共同参画社会基本法」が成立した。

これら一連の法的措置が、一九八〇年代の世界経済グローバル化と同時進行したこと、そのために男女均等待遇の名の下に「母性保護」廃止などを招き、女性労働の分野では「男並み」に仕事をこなすキャリアウーマンと長時間労働に耐えられず離職する層との両極分解が起こったことなどの問題点についてはここではふれない。また、このような条件のもとであったにせよ、多くの女性たちが女性だけの若年定年制や結婚退職、男女の賃金差別や昇進昇格差別等に対して裁判闘争により成果をあげたことなどについてもここでは言及しない。ここで注目したいのは、「女性差別撤廃条約」が世界平和構築にどのような役割を果したかという点である。

よく知られているように「国際婦人年」の一九七五年に出された「メキシコ宣言」および一九七九年の「女性差別撤廃条約」は、いわゆるアメリカ主導の「西側諸国（日本を含む）」と「社会主義国・第三世界」を中心にした「多数派」とが、新国際経済秩序をめぐる貧困問題の解決やシオニズム・アパルトヘイトなどに反対し民族自決の立場を打ち出すかどうかという問題をめぐって論争し、結局多数派の提案にもとづいて採択されたのが現在の条約である。こうした経過から差別撤廃条約はその前文で、「国の完全な発展、世界の福祉及び理想とする平和」の実現にとって「あらゆる分野において女子が男子と平等の条件で最大限に参加することを必要としている」と明記したのであった。条約採択にあたって日本政府代表は賛成したが、「本条約とは必ずしも直接関連があるとは思えない新国際経済秩序、アパルトヘイト、植民地主義等々に言及している」とコメント、この部分は「保留」している。条約が国際平和と安全の課題について「厳重かつ効果的な国際管理の下での核軍備の縮小」と述べ、「核廃絶」が明記されなかったことは核保有国の政治姿勢を反映するものであり、核大国の「国家」政策が優先することを示すものであったといえるだろう。

この関係が変化するのは一九九五年の第四回世界女性会議からである。この年北京で開かれた国連の第四回世界女性会議で、アジアではじめて開かれた女性会議と平行して行なわれた民間のＮＧＯフォーラムには約二〇〇ヵ国から三万人を超える参加があり、五〇〇〇以上のワークショップが開催された。一九七五年の差別撤廃条約採択から一九九五年の北京会議までのあいだに世界は激動し、ソ連をはじめ多くの社会主義国が解体した。その多くは差別撤廃条約を推進した側である。「人権」と「民族自決」をうたったこの条約を推進した国々のなかに人権抑圧や民族差別があったという事実は、衝撃的であった。では条約はたんなる理念にとどまり実効性を持たなかったのかといえば、そうではない。この二〇年間に条約の提起する課題を実質化する努力がＮＧＯを中心とする女性自身の手ですすめられてきたのである。

北京会議は最終的に政府間会議において「女性の権利は人権である」とする「北京宣言」を発表した。これが画期的であったのは、国家や民族に包摂されない「個としての人権」がキーワードとなったことである。すでに一九九〇年代以降の国連は「女性に対する暴力」の問題に取り組むようになり、セクシャルハラスメントやドメスティックバイオレンスなどとともに「慰安婦問題」を含む「戦時性暴力」が大きく取り上げられるようになった。その過程で日本の女性もこれまで「国の責任」の問題で自分にはかかわりがないと思っていた「戦争責任」を自らの責任として引き受ける姿勢が生まれてきたのである。女性にとって「個としての人権」の自覚は、これまで自明とされてきた「国家」に属する国民という枠組みに変化を引き起こさずにはいなかった。その一つの到達点が「慰安婦問題」に関する国際的取り組みだった。

一九九〇年代に入ってクローズアップされた「慰安婦」問題は、「女性の人権」問題にとどまらず、近代世界における戦争そのものへの批判を引き出すきっかけとなった。日本軍によるアジア各地における強姦と植民地・占領地からの組織的強制的な動員（日本人女性も慰安婦として動員された）による「慰安婦」への性暴力問題は東京裁判でも不問に付され、多くの被害者が社会的に抹殺されて沈黙を余儀なくされてきたが、一九九一年にかつて日本の植民地であった朝鮮人として日本軍慰安婦にさせられた金学順《キムハクスン》がはじめて名乗り出て以来、長い時間をかけて被害者が名乗り出るようになった。金は同年一二月、日本政府に補償を求めて裁判を起こしたが結審を待たず一九九七年死去、二〇〇一年東京地裁、二〇〇四年最高裁はいずれも請求を棄却した。しかし、その後も名乗り出た被害者による裁判が続き、日本国内で支援活動が続いている。もちろんそれ以前から「慰安婦問題」は関心を持たれてきたが、当事者の女性による体験証言がなげかけた衝撃は大きかった。これ以降「慰安婦」問題を日本の戦争責任として誠実な解決を求める運動が広がり、後述するように二〇〇〇年一二月の女性国際戦犯法廷の東京開催へとつながっていく。

一方で日本軍隊の戦争犯罪のなかでも、これほどあからさまに反撃の対象になったケースは少ないのではないかと思われるほど、名乗り出た被害者に対しても「慰安婦」というシステムについても非難の言説が横行した。「戦時下では当然」「商行為」「証言は虚偽」「補償金めあて」等々である。それは今も続いている。そのなかで、じつは女性たちのあいだでさえ「自分の肉親が戦場でしたことを非難できない」という感覚や「戦争の時代には仕方なかった」という見方があることもわかってきた。反戦・平和運動を推進する側にも、「日本のアジア・太平洋戦争の本質は帝国主義国家日本による侵略戦争であり、階級抑圧や民族支配の問題が中心」であり、性暴力は許せないがそれは「女性の問題」であり、「不正義の戦争から生じた副次的な問題」という感覚があったといってもいい。

しかし、二〇世紀の終わり近くなってようやく国際的課題として提起された「慰安婦問題」は、二〇世紀を通じて行なわれてきた無数の戦争の本質として「性暴力」を認識する必要性を問いかけたのではないだろうか。それは、「慰安婦問題」を攻撃する人びとがしばしば「日本だけのことではない」「戦場にはつきもの」といったかたちで免罪をはかろうとすること自体のなかに示されているといえる。第二次世界大戦において反ファシズムの側に立ち、民主主義擁護の戦争を推進したはずの連合国でさえ、日本占領後はアメリカ兵による強姦が頻発、当時社会主義国であったソ連もドイツ占領後あるいは対日参戦後国境地帯に取り残された「満蒙開拓団」の日本人女性に対する強姦等々が行なわれたのであった。さらに、たとえば映画『サラエボの花』（二〇〇六年公開）で描かれたように、ボスニア・ヘルツェゴビナ紛争で「民族浄化」と称する組織的強姦が行なわれ、対立する民族の兵士が「敵」とみなす民族の女性を犯し妊娠させたうえに、出産を強要することで民族の誇りを奪おうとする事態も起こり、ルワンダでも植民地支配時代につくられた民族対立を背景とする紛争による大規模虐殺のなかで対立する民族抹殺の意図を持つ強姦が行なわれた(15)。

これらの事実は、戦争が「産む性」としての女性に対する「性暴力」を本質的に内包することを示すものである。「慰安婦問題」に対する日本の右派勢力の執拗な攻撃は、戦争美化、女性蔑視と民族蔑視のあらわれであるとともに、「性暴力としての戦争」批判を阻止しようとする意志の表現でもあるといえるだろう。「慰安婦問題」は、被害者の人間としての尊厳をかけた訴えであるとともにこうした戦争の本質をもあぶり出し、日本の女性たちに、「性暴力としての戦争」とどう向き合うかという問いを突きつけることになったのであった。

3　ジェンダー視点からみた平和構築の展望

(1) 国際的取り組みが提起したもの

「女性の人権」の立場から「性暴力としての戦争」を根絶する方向をめざすうえで、国連はいくつかの画期的な取り組みを行なった。その一つは一九九六年四月、国連人権委員会(現在は人権理事会)が「歓迎し、留意」するというかたちで満場一致採決した『女性に対する暴力とその原因に関する報告書』(クマラスワミ報告書)である。一九九四年人権委員会によって「女性の暴力に関する特別報告者」に任命されたスリランカの女性法律家ラディカ・クマラスワミによるこの報告書は、付属文書として「戦時における軍事的性奴隷制問題に関する朝鮮民主主義共和国、大韓民国および日本への訪問調査に基づく報告書」をまとめている。被害者の聞き取り調査をもとにしたこの文書では日本政府に対し、「被害者個々人」への賠償と謝罪、「慰安所」に関与したものを処罰することなどを勧告、このため日本政府はこの報告書を採決しないよう各国に求めたが受け入れられず、結局「留意」という表現にすることで賛成せざるを得なかった。「勧告」が削除されず人権委員会の意思として記録されたことの意義は大きい。これに続いて一九九八年と二〇〇〇年の二回にわたり、国連人権小委員会の『武力紛争下の戦時組織的強かん、性奴隷制および奴隷制類似慣行に関する最終報告書』（マクドゥーガル報告書）も出された。

こうした動向をふまえて二〇〇〇年一〇月、国連安全保障理事会は「国連安保理決議一三二五号」を採択した。それは、「紛争の予防および解決並びに平和構築における女性の重要な役割を再確認し、また平和と安全の維持および促進のあらゆる取組における女性の平等な参加と完全な関与の重要性および紛争予防と解決に関わる意思決定における女性の役割を増大する必要」を提起したもので、国連に「平和構築における女性の役割、和平プロセスと紛争解決におけるジェンダーに関する側面の研究を実施」することを求めたほか、「武力紛争の全ての当事者に対し、ジェンダーに基づく暴力、とりわけレイプおよびその他の形態の性的虐待、また武力紛争の状況におけるその他のあらゆる形態の暴力から、女性と少女を保護するための特別な措置」をとることも求めている。この決議を実現するうえで大きな役割を果したのは、婦人国際平和自由連盟（ＷＩＬＰＦ）をはじめとする女性団体の活動であった。

「慰安婦問題」をめぐる動きは、その後各国議会で日本政府に対し「慰安婦問題解決」を求める決議となって発展する。二〇〇七年七月アメリカの下院本会議で「慰安婦問題」について日本が公式に謝罪するように求めて決議が採択された。『クマラスワミ報告書』『マクドゥーガル報告書』を念頭においたと思われる「日本政府は国際社会が提示した慰安婦関連勧告に基づき、現世代と未来世代を対象に、この残忍について教育しなければならない」という意見もついている。日本の国会議員や右派知識人たちは六月一四日付『ワシントン・ポスト』紙に決議案反対の意見広告を出したが、その後韓国、オランダ（下院）、カナダ（下院）、欧州議会、フィリピン（下院）、台湾（立法院）などであいついで「慰安婦問題」の解決を求める決議が行なわれ、「慰安婦問題」という戦争犯罪を不問にすることはもうできないところまできた。日本でも宝塚、清瀬、札幌、福岡、箕面《みのお》、小金井、三鷹、京田辺などの各市議会で決議が行なわれ（二〇〇九年六月現在）、民主・共産・社会の野党三党による「戦時性的強制被害者問題の解決の促進に関する法律案」も提案されている。

これらの動きは、第一に「慰安婦問題」が許せない女性の人権侵害であり、被害者の人権回復のためには加害責任を負う日本の政府が謝罪と補償をする以外にないことが国際的合意になってきていること、第二に政府を含む日本の右派勢力が、たんに「日本の法的措置では解決済み」といった弁明を超えて、「慰安婦」個人に対しても、『クマラスワミ報告書』や『マクドゥーガル報告書』に対してもも異常なほどの非難を浴びせるということが見えてきたことを示す。それはなぜか。ここに第三の課題として、「慰安婦問題」が「過去の戦争」で「不幸な体験」をした「被害者個人への賠償」という問題にとどまらず、今も世界各地で発生し、今後も起こるであろう戦争そのものの性格をえぐり出し、「二度と戦争を起こさせない」という平和構想の課題の焦点になったという点を指摘できるのではないだろうか。

この点で特記すべきことは、同じく二〇〇〇年一二月、日本で「戦争と女性への暴力」日本ネットワーク（ＶＡＷＷネット）代表の松井やよりらの呼びかけにより、慰安婦問題を戦争犯罪として裁く「女性国際戦犯法廷」が開催されたことである。法廷は天皇裕仁をはじめとする責任者を有罪とする判決を出した。「加害国」日本の女性が中心になって日本の戦争責任を追及し、被害者である元「慰安婦」に謝罪と補償を求める運動を成功させたのである。この法廷についてはＮＨＫが当時の政府与党に属する政治家の圧力によって報道内容を改ざんしたため、ＶＡＷＷネットが訴えて裁判になったことでも知られている。

(2)「非武装・非交戦」の平和思想と「女性が参加する平和」

二〇〇八年五月、千葉県幕張メッセで民間の実行委員会による「九条世界会議」が開かれた。主催者によれば「日本の憲法九条を支持する世界の声を集め、九条を世界へと広げるため」「ノーベル平和賞受賞者や、世界の著名人、国際ＮＧＯの人々を多数日本に招いて、九条の考え方である『武力によらない平和』を実現するために世界の市民にできることを議論し合いたい」という国際イベントであった。[16]

もちろんこれは「女性の運動」ではない。ただいえるのは女性が参加し、中心的な役割を担ったことがこの運動の成功に大きく貢献したことである。基調講演に立ったノーベル平和賞受賞者マイレッド・マグワイアは、「誰もが殺されることのない権利を享受し、誰もが人を殺してはならない責任をまっとうできる世界」を築こうと呼びかけた。そのほか講演者のコーラ・ワイズやアン・ライト、ビデオレターを寄せたジョディ・ウィリアムズやワンガリ・マータイら、および日本国内からの女性たちの発言は、まさしく「女性が参加する」ことによってこのイベントが成功したことを示していた。「武力によらない平和」という憲法九条の理念は、女性たちの戦争体験から生まれた「いのち」と「人権」を守るための、国家の枠組みを超えた協同を提示しているという意味でまさしく「女性の平和」を表現していたのである。

振り返ってみれば、過去に多くの女性たちが自らの生活実感にもとづいて差別と抑圧のない平和な世界をえがいてきた。特に第一次世界大戦後国際的な平和志向が生まれるなかで、与謝野晶子は男女平等の立場から「人類無階級的連帯責任主義」を理想として国家主義に毒された戦争を否定、「愛の世界協同」を説き、平塚らいてうも第一次世界大戦後国際連盟が発足し軍縮が課題になったとき、どの国も自国の利益のために軍縮に応じないことを国家の利己心と批判、「現実の国家は我々人類の敵だといわれはしないでしょうか」と断言、「私たちはある定められたる国の国民であるとともに、常に世界民であり、宇宙民であります」と宣言した。[17]

しかしこうした平和世界構想は、戦前戦中にあって日本政府が「東亜新秩序」や「東亜共同体」を掲げたとき、それに対抗できなかった。らいてうが東アジアの平和を望む立場からとはいえ「日満支三国の協力」を望む文章を書き、与謝野が朝鮮を「日本に同化」したとして植民地支配を自覚し得なかったことは、こうした世界平和構想が現実からかけはなれていたことを示すものである。「国境を越えた協同自治の平和世界」という「女性の平和」は、政治的にも経済的にも無権利であった女性たちのユートピア構想にとどまり、「国家総動員」による「総力戦体制」という戦争体制＝「男性の暴力」に対抗する論理とはならなかった。(18) らいてうは戦後「かっての日本が、軍国主義の下で、中国の人々を非道に苦しめたことに対し、その当時、まだ日本婦人は政治からまったく閉め出されていたためとはいえ、余りに無力であったことを深く恥じ、お詫びしたい」と書いている。(19)

その彼女が戦後日本国憲法九条に出会って感動するのは、「非武装・非交戦」の条項が自身の長年の理想と一致することを感じたからである。らいてうは、かつての日本の女性は無権利で戦争に反対できなかったが、「参政権をもった今の婦人は違います。違わなければなりません。――それだけ戦争についての責任を、日本に対し、また世界に対しもっています」と書いた。(20)

彼女はその到達点に立って自ら行動する。一九五〇年の「非武装国日本女性の講和問題についての希望要項」の「非武装・非交戦」「絶対中立」「いずれの国の戦争にも協力しない」「軍事基地を日本に置かない」等々の文言は、らいてうの望む「平和な世界」が「全面的かつ世界的」であると同時に「単独講和反対」という政治選択によってはじめて現実と対峙する構想と結びついたことを示していたし、「世界平和アピール七人委員会」への参加もこの延長線上にあった。本稿の最初に述べたように一九五四年の国際民婦連に宛てた「日本婦人の原水爆禁止の訴え」は、こうした発想から生まれたものであった。

その流れは、一九五〇年代の基地反対運動、一九六〇年の安保条約改定反対運動を経て一九七五年の国際婦人年以降の女性たちの運動につながっていった。彼女は一九六六年に「日本の安全保障は」と問われて躊躇せず「(軍備ではなく)日本国憲法(中略)とくにその第九条」と答え、「自衛隊が日本の安全を守るものとは思いません。(中略)むしろ平和をおびやかす危険なもののように思われますが」と明言、軍事力によらず「外交的な努力と手腕を尽くすこと」で「アジアと世界の平和を守る」途を提唱している(21)。日米安全保障条約の固定期限が切れる一九七〇年六月、「安保反対」の意思表示のために病身を押して自宅周辺をデモ行進した。「わたくしたちの敵は戦争です。ただ戦争だけが敵なのです」と言い切った精神がここに生きていた(22)。

むすび——平和構築における「女性のイニシアティブ」

アメリカの国際政治学者シンシア・エンローは社会全体の平和構築＝「脱軍事化」のためには、女性の生活や思考、経験等について真剣に取り組む必要があるという。「戦争がない」という状態だけでは平和とはいえないからである。彼女はさきにあげた国連安全保障理事会の決議一三二五号を援用し、紛争地域や国際レベルで「脱軍事化」が成功するのは、平和維持活動の担当者が「レイプ、DV、女性の人身売買、女性の貧困、家父長的な法慣習、金融活動や労働における性差別、警察の性差別、政党による選挙運動の男性化、政府内の男性的な『仲間』意識文化」などに真剣に取り組んだときだ、と述べている。(23)

一九九四年に起こった民族紛争で大虐殺とレイプを経験したルワンダ共和国は、ジェノサイド後の二〇〇三年に制定されたルワンダ共和国憲法第九条で民族や地域分断を克服するとともに社会福祉と社会的公正、男女平等実現をめざし、そのために各意思決定機関に最低三〇%以上の女性参加を求めることを明記した。二〇〇八年の時点で下院女性議員の比率は世界で最も高く、五六・三%を占めている。虐殺によって男たちがいなくなってしまい、生活を支える女たちの力が必要とされたことは事実だが、ルワンダでは女性をたんに労働や生産の担い手としてだけではなく、国の政策決定に参加させることで平和と和解への途を開いたのである。(24)

また九条世界会議にも出席したコロンビア大学の平和教育プログラム担当者ベティ・リアドンは、これまでの平和研究が男性に偏っていたことを指摘、女性によって追求されてきた「多様性、協力、思いやり、平等、公平さ、愛、根源的な生命肯定の価値」などは「公共の政策決定に如何にしても必要な価値」であり、真の平和を実現するのに必要な正義と平等は、こうした価値を受け入れることによって確立するという。(25)こうした論点を取りいれた美術史家若桑みどりは、「家父長制社会の最大のあやまち」は、本来最も崇高で公的領域の命題であるべき「人間性」「他者への愛」「生命の尊重」

等々を「女性性」の名のもとに私的領域に閉じ込めたことであるといい、「ジェンダーの平等性と非暴力の原則に基づく、『人間の安全保障』に向けて、国境を越えた女性の市民運動」構築が必要だと主張した。[26] ちなみに二〇〇九年七月、国連の女性差別撤廃委員会（CEDAW）が、日本政府の「女性差別撤廃条約」実施状況を審査した際、「慰安婦問題は法的に解決ずみ」とする政府代表団に対し、各国委員は「同じ言い分を繰り返さないで」と批判したという。

では女性たちはどのようにして自らの価値を平和運動や政治参加のなかで実現していくのか。すでに母親運動が経験したように、それは「大きな」「天下国家」の問題ではなく、「日常茶飯事」のあらゆる問題を通じての「平和構築」という方向であった。女たちの運動はいつも小さく「ローカル」で「地べた」からはじまった。それは政治全体からみれば「周縁」という位置づけにとどまっていた。国政や行政の場だけでなく、労働組合運動や平和運動等の分野でも運動のリーダーとしての役割が女性に与えられる機会は少ない。「草の根」の実際運動は女性たちが担い「平和理論」のリーダーシップは男性たちが引き受けるという「性役割分業」的傾向があったのではないだろうか。

今、女性たちが積み重ねてきた「小さな」こころみこそ「平和な世界」構築の土台にすえるべきではないか。ブッカー賞を受賞したインドの作家アルンダティ・ロイは「地面に耳を押し当てて、世の中を理解するための別の方法」をさがそうと問い、[27] 作家レベッカ・ソルニットは「一枚岩のような制度や企業に対抗する」手段として多様性に満ちた無数の「小さな運動（グローバルなローカル）」を対置しようとする。[28] こうした女性の発言から汲み取るべき課題が、今は重要なのではないだろうか。オックスフォード大学で博士号を得た山本真理の『戦後労働組合と女性の平和運動―「平和国家」創生を目指して』は、戦後初期の段階で労働組合の平和運動が「社会主義国や発展途上国との連帯を漠然と提唱」するにとどまっていたのに対し、女性は「平和を自己の生活に結びつけて考え」「民衆の個人的ニーズ」にもとづいて平和を主張したと指摘、母親運動についても「女性の平和運動が政治性を高めるうえで、母親大会は特に大きな影響力を持った」と述べている(29)。

以上の検討から「女性が参加する平和」構築の可能性について、さしあたり三点を提案できるのではないかと考える。第一に平和運動に「ジェンダーの視点」を導入し、これまでややもすると「女性性」の範疇にとどまっていた「いのち」「性」「人権」「環境」「自然」といった生活の論理を、個別国家の枠組みを超えた「平和世界」構想に発展させること、第二に今生まれつつある無数の「小さな」運動を、その多様性を尊重しつつ世界構想につなぐこと、そして第三に、そのような仕事を発展させるため女性自身がもっと平和運動の責任ある地位につくことである。「すべての分野に女性のイニシアティブを」という提案は、決して男性排除を意味するものではない。現実の生活や運動において「男性上位」が再生産されていることを不問にすることは女性の不利益であるだけでなく、真の「世界平和」構築にとって大きなマイナスであること、「女性の平和」は、女性差別をなくすことと「世界平和」実現とが不可分の関係にあることをシンボライズする命題だといえる。そのうえで第四に、「慰安婦問題」および今も行なわれている世界の戦争・紛争における性暴力の根絶を、女性の問題としてだけではなく、すべての平和運動の課題として取り組むことが必要だといえるだろう。女性に対する差別をなくし、「あらゆる分野に女性が男性と平等に参加する」ことを求めた女性差別撤廃条約の精神は、平和構築の運動にこそ生かすべきではないだろうか。

（1）濱谷正晴『原爆体験―六七四四人・死と生の証言』（岩波書店、二〇〇五年）。
（2）地人会朗読劇台本『この子たちの夏―一九四五・ヒロシマ　ナガサキ』より「藤野博久の母　とし え」の手記。
（3）日本母親大会連絡会『日本母親大会五〇年のあゆみ』（二〇〇九年）。
（4）平塚らいてう『元始、女性は太陽であった―平塚らいてう自伝』四巻・戦後編（大月書店、一九七二年。以下『自伝』と表記）。米田佐代子「『女たちの核廃絶』のさきがけ」（『婦人通信』二〇〇九年一〇月号）参照。
（5）なお、『自伝』によれば、一九五四年の「日本婦人の訴え」を出すきっかけになったのは、ストックホルム平和集会に出席した平野義太郎が、そこで世界の婦人代表に会い、日本婦人から世界に原水爆禁止を呼びかけてほしい、と訴えられたことをらいてうに伝えたことだという。らいてうは、「当然しなければならないこと」と受けとめ、ただちに行動したのであった。
（6）米田佐代子編『母さんに花を―山家和子と母親運動』（ドメス出版、一九八一年）。
（7）平塚らいてう「子どもの世紀」（一九五七年。『平塚らいてう著作集』七巻、大月書店、一九八四年。以下『著作集』と表記）。
（8）河邑厚徳編『昭和二十年夏の日記―八月十五日』（博文館新社、一九八五年）。

（9）永六輔監修『八月十五日の日記』（講談社、一九九五年）。
（10）田辺聖子『欲しがりません勝つまでは—私の終戦まで』（ポプラ社、一九七七年）。
（11）関千枝子『広島第二県女二年西組—原爆で死んだ級友たち』（筑摩書房、一九八五年）。
（12）小栗竹子『愛別離苦—靖国の妻の歩み』（径書房、一九九五年）。
（13）米田ひさ『雲よ帰れ—十六歳で戦死したわが子へ』（新樹社、一九八六年）。
（14）ベアテ・シロタ・ゴードン『一九四五年のクリスマス—日本国憲法に「男女平等」を書いた女性の自伝』（柏書房、一九九五年）。
（15）中満泉「国内紛争と民族浄化・性暴力」（宮地尚子編『性的支配と歴史—植民地主義から民族浄化まで』（大月書店、二〇〇八年）。
（16）「九条世界会議」日本実行委員会編『九条世界会議の記録』（大月書店、二〇〇八年）。以下の記述はこの記録による。
（17）平塚らいてう「軍備縮小問題—ハーディング氏の提議について」（一九二一年。『著作集』三巻所収）。
（18）米田佐代子『女たちが戦争に向き合うとき—私・記憶・平和の選択』（ケイ・アイ・メディア、二〇〇六年）。
（19）『自伝』四巻・戦後編の文章。一九五四年、中華全国婦女連合会から国慶節への招待状が届いたときの思いを書いたもの。近年、らいてうの遺品のなかから、これと同趣旨の原稿断片が発見されている。
（20）平塚らいてう「庶民の中に生まれる力」（一九五六年。『著作集』七巻所収）。
（21）平塚らいてう「最後の拠点は九条—〝日本をどう防衛するか〟の質問にこたえて」（一九六六年。『著作集』七巻所収）。

(22) 平塚らいてう「非武装の平和」(一九五〇年。『著作集』七巻所収)。
(23) シンシア・エンロー『フェミニズムで探る軍事化と国際政治』(御茶の水書房、二〇〇四年)。
(24) ルワンダ共和国憲法については同国大使館ホームページ参照。
(25) ベティ・リアドン『性差別主義と戦争システム』(勁草書房、一九八八年)。
(26) 若桑みどり『戦争とジェンダー——戦争を起こす男性同盟と平和を創るジェンダー理論』(大月書店、二〇〇五年)。
(27) アルンダティ・ロイ『帝国を壊すために——戦争と正義をめぐるエッセイ』(岩波書店、二〇〇三年)。
(28) レベッカ・ソルニット『暗闇のなかの希望——非暴力からはじまる新しい時代』(七つ森書館、二〇〇五年)。
(29) 山本真理『戦後労働組合と女性の平和運動——「平和国家」創生を目指して』(青木書店、二〇〇六年)。
(初出) 米田佐代子・大日方純夫・山科三郎編『ジェンダー視点から戦後史を読む』(大月書店、二〇〇九年)。

付論　大原社研へ寄贈する「らいてう資料」の概要

はじめに――大原社研に「らいてう資料」を寄贈するにいたる経過

二〇〇三年当時平塚らいてうの会会長であった小林登美枝さんが亡くなられたあと、ご遺族から預かった「らいてう資料」は、二〇〇四年以降倉庫に保管されたままであったが、らいてうの家オープン後内容確認のため整理作業をすることになった。この資料がどんなものであり、どういう内容なのかについては、小林家のご遺族もらいてうの会も全く知らず、小林家ではらいてうのご遺族である奥村家にではなく、らいてうの会に相談されたので、会が預かることになった。

二〇〇六年にらいてうの家はオープンしたが資料保管ができる状態ではなく、倉庫に保管したままでは整理ができないので、会長が真田町に個人的に借りたアパートの一室に運び、らいてうの会が保管費として家賃の一部を負担、そこで有志による整理を始めた。主として内容の解読とカード化、仮分類、資料劣化を防ぐため中性紙の封筒に納めるなどの措置を行なったが、資料の解読までは手が回らず、資料の種別（手帳、書簡、手書きメモ、印刷物切り抜き、コピー、写真等）、日付けや体裁、枚数やページ数等をカードに記入するのが精いっぱいであった。この間に真田まで整理に通うことが困難ということになり、東京のらいてうの会事務所のあるビルの一室に「臨時保管場所」を「当分の間」という約束で確保した。

この間、資料の一部は解読され、『らいてうの会紀要』（二〇〇八年創刊、年一回発行）に資料紹介を行なったほか、会員個人による研究論文も発表、「らいてう日記」の一部は資料劣化のためデジタル化、らいてうの会ホームページで公開、および『紀要』に翻刻を公開した（ご遺族の了解済み）。また可能なものについては「らいてうの家」で展示も行なった。現在は資料劣化の恐れがあるので展示はできるだけコピーにしている。

この過程でわかってきたことは、以下の「「らいてう資料」とは何か」で説明するように、小林登美枝さんの手元に残された資料は、もともとらいてうの遺品として奥村家に保管されていた生資料の一部であったということである。小林さんが『自伝』および『著作集』編集のため奥村家からご自宅に運ばれたものと思われる。周知のように『自伝』はらいてう生前には完結せず、戦中戦後のかなりの部分は、小林登美枝さんの編集によって完結している。『自伝』のあとがきで小林さんはその経緯を明らかにしたうえで、補綴した部分はらいてうから直接話を聞いてまとめたもの、らいてう自身が生前に発表した文章をはじめ「遺された手帳、ノート、書簡、未発表原稿、その他の資料」に拠ったとされ、この資料が引用されたことがわかってきた。その意味で、これは『自伝』成立のいきさつを知るうえで重要な資料であることがわかった。一方、奥村家に残されている資料の中にも日記や手帳など、らいてうの肉筆資料が残されており、両者は一体のものだということもわかってきた。

「らいてう資料」の存在はしだいに知られるようになり、資料を会が保管しているだけでは公開できないので、これを整理公開できる公的機関にゆだねるべきであるという意見が出てきた。当初、小林登美枝さんが資料の一部を日本女子大学に預けたが、後に奥村家に返却されているので、新たな受け入れ先を探すことになった。

法政大学大原社会問題研究所は、戦前からの社会運動・労働運動などの資料収集で知られ、資料公開も行なっている。「らいてう資料」については、当初『青鞜』を中心に文学運動という認識もあったが、残された資料には戦後の平和運動をはじめ、戦前の消費組合運動にかかわるものもあり、大正デモクラシー期のらいてうの思想や行動について、また戦中の言説等の解明などむしろこれまで注目されてこなかったといえる側面もあることから、大原社研に打診してみることになった。大原社研では担当者が資料の検分に見え、検討した結果、「仮目録が完成した時点で受け入れたい」という意向が示された。その後仮目録の完成が遅れたこともあり、最終的に受け入れの方向がはっきりするまでに相当の年月を費やした。この間らいてうの会では「らいてう資料研究会」を計画し、会の外部からも参加を求めたが、継続できなかった。

二〇二一年四月、現存するらいてうのご遺族（孫五人）の賛同を得て直接の資料の継承者である奥村直史氏のお申し出により、奥村家所蔵のらいてうの戦後日記（一九四八年から五〇年にかけての日記）があらたに公開されることになった。有名ならいてうの呼びかけによる著名女性の連名で出された一九五〇年六月二六日付の「非武装国日本女性の講和条約についての希望要項」を、らいてうがどのように構想し、悩みながら「女性が平和への意思表示をしなければならない」と決意していったかという経過が率直に記述されている貴重な資料であった。共同通信の配信により、全国の地方紙で大きく報道され、反響の大きさは改めてらいてう資料の重要性を示すものとなった。

この経験を踏まえて奥村家から、あらためて「らいてうの会保存の資料と奥村家保存の資料は、本来一体のものとしてらいてうが保存してきたものであり、『自伝』や『著作集』編集のために小林さんがご自宅に運ばれたものがらいてうの会に、それ以外のものが日本女子大学から奥村家に返却されたといういきさつがあるので、両者を一体のものとして大原社研に一括寄贈したい」というご提案があり、らいてうの会も了承、大原社研も同意した。

なおこのとき、資料を「寄贈」とするか「寄託」にとどめるか、また資料の中から「非公開」の指定をすべきかという選択についても検討されたが、ご遺族の同意に基づき、すべての資料を「寄贈」「公開」の対象にすることが確認された。

その後大原社研との話し合いにより、資料は全点二〇二一年度中に大原社研に搬入し、二〇二二年度から整理を開始、相当の期間を経て整理分類が確定したのちに全面公開することになり、二〇二二年三月に搬入を終了した。これに先立ってらいてうの会としては大原社研の了解を得て資料の一部をスキャンして（コピーとして）会に保存、会としても資料の整理検討を進めることになった。

以上の経過は、筆者（米田）が二〇二一年五月までらいてうの会会長として整理にあたった経過の報告であるが、以下の「「らいてう資料」とは何か」「これまでに分かった資料の主な内容」「この資料の「新しい価値」について」は、資料全体の解読がまだ行なわれていない段階での筆者の個人的見解であることをお断りしておきたい。

一　「らいてう資料」とは何か

A　二〇〇四年に小林登美枝さんのご遺族から相談を受け、内容未確認のままらいてうの会があずかって倉庫に保管した資料（主として文書資料）。当時遺族も会も「小林さんの資料」という認識で、奥村家には相談しなかったので、その後らいてうの会が整理にあたり、内容が明らかになることによって前記のような資料の性格が明らかになったものである。

B　これとは別に小林登美枝さんから日本女子大学に預けられ、その後同大学から奥村家に返還された資料。この時も、大学側からは「らいてうの会」に打診があったので、会から奥村家（当時は敦史さんがご存命）に連絡したところ、「プライバシーの問題があるのでこちらで引き取りたい」とのご意向が示され、奥村家に引き取られた。

C　なお、現在らいてうの会が保管している『青鞜社事務日誌』や管野スガ所有の署名入りの書籍、文机、着物等の「遺品」は、これとは別にらいてう没後「らいてう展」のために奥村家から提供され、後に大阪千里の「婦人の家」で保管されていたものがある。一時期国会図書館憲政資料室で保管、その後日本女子大学成瀬記念館で保管していたが、らいてうの家オープンを機にらいてうの会に「返還」されたものである。

D　二〇一二年に古書店を通じて購入した『青鞜』の原本（全五四冊中五二冊）（購入資金はらいてうの会と、らいてうの家の支援者大河内昭子さんの寄付による）。現在らいてうの会事務所に保管中。

E　らいてう蔵書については、奥村家かららいてうの家に寄贈され、図書室に納められている。

F　奥村家からは日本女子大学で「らいてう展」が行なわれた際に寄贈した資料（らいてうが持っていた『青鞜』創刊号原本などのほか、博史の絵画等を含む）がある。

これらを、総合的にリスト化し、他の機関にあるらいてう書簡等の所在確認も必要と思われる。

なお、Aのなかには、らいてう没後の告別式資料、「らいてう展」や「生誕百年」イベント資料、「平塚らいてうを記念する会」関連の資料、『自伝』編集にあたって小林さんが事実確認のために出した問い合わせへの返事、らいてうに対する聞き書きノートなど、小林さん自身が収集した資料が含まれている。これらのうちらいてうにかかわりが深いものについては「らいてう資料」に含め、らいてう没後のらいてうの会活動につながるものや小林さん個人に関わると思われるものは、

G　「小林資料」

として分離、らいてうの会に保管してある。

以上の中から大原社研へ寄贈するものはAと（Gを除く）Bである。

AB両者は、もともと奥村家で保存されていたらいてうの日記や書簡、自筆メモ（原稿・アピール文

書の下書きや『自伝』執筆のためのメモと思われるものを含む）、写真、新聞雑誌等の切り抜きやコピー、家族に関する資料（奥村博史、敦史氏の書簡、戦前らいてうがかかわった『青鞜』や新婦人協会、消費組合運動に関する資料〈個人書簡や印刷物を含む〉）、戦後らいてうがかかわった世界連邦運動関係の印刷物やらいてうのメモ、国際的な女性運動（国際民婦連や婦団連関係）、平和運動に関する資料、『自伝』のためのメモと思われる手書き原稿、その他の個人資料と推定される。書簡については発信したものと来信があり、奥村博史とらいてうの間で交わされた書簡、家族間の書簡もある。

2　これまでにわかった資料の主な内容

「らいてう資料」の主な内容を以下にあげる。なお、奥村家所蔵分については一部を除き未見。

①　らいてう日記

らいてうの日記はダイアリーメモを含め多数あるが、断片的なメモや戦中戦後の記述が混在しているものもあり、内容の確定が課題。一九二〇年代の日記帳（一九二九）やそれ以前の佐久山時代（子育て期）の日記断片があり、また戦時中戸田井の生活は「卓上日記」などに書き込まれたメモでうかがわれる。比較的まとまって日時が特定できるものとして以下の三点を例示する。いずれも仮称。

★『昭和一六年日記』（奥村家所蔵）。らいてうが奥村家に入籍した時期。未公開だが小林さんの『陽のかがやき』および奥村直史氏の論文（「「昭和一六年日記」に記された平塚らいてうの思い」『紀要』

九号、二〇一六年）などでかなり内容は紹介されている。

★『一九四八―五〇年日記』（同前）。「非武装国日本女性の講和問題についての希望要項」発出時期。公開準備中。一九四九年に世界連邦建設同盟に参加した直後のらいてうの平和への思いと、自分が発言することへの躊躇や悩み、自身の平和運動への思いなどが率直に示されている。

★『一九五三―五八年日記』（平塚らいてうの会所蔵）。らいてうが「大衆的婦人運動」に加わり、婦団連結成、国際民婦連、世界母親大会から日本の母親大会開催などにかかわっていく時期。公開済み。

② らいてう発書簡、らいてう宛て書簡等にみる多彩な人脈（『自伝』に登場しない人物も多数）。

★『青鞜』時代の小林郁宛て書簡および郁からの書簡等。『青鞜』以後の郁からの書簡もある。

★安田（原田）皐月の「遺書」（一九三三年）。

★戦時下の家族宛て書簡（戸田井から）。来信含む。写真も。

★戦後の国際的なつながり（国際民婦連から）。コットン夫人や中国許広平（魯迅夫人）からも。

★陳范美（陳抱一夫人）。奥村博史「魯迅臨終の図」とらいてうの「中国観」を知る手がかり。

★あずまや高原からの奥村博史のハガキ（一九五七年）。『一九五三―五八年日記』と対応（これは「らいてうの家」に展示するため会が保管することに。写真と文面は『紀要』三号、二〇一〇年に収録）。

★一九六四年年賀状（来信）発信者リスト一覧。

③ 自筆ノート（平和問題学習ノート）。奥村家所蔵（一九五〇年ごろ?）「希望要項」発表にあたっての

学習記録ではないかと思われる。

④　俳句に関するメモ（ダイアリー日記等に記載）。戦中の作と戦後の作が混在。この点に関しては奥村直史「平塚らいてうの俳句の検討―疎開時代の理解のために」（『紀要』八号、二〇一五年）がある。メモの中に日中戦争のころと思われる時期に詠んだと思われる「皇軍俳句」あり。

⑤　写真（未発表分含む）「猫を抱くらいてう」「庭のらいてう」（最晩年）など。

⑥　「らいてうの生活」（戸田井・成城）を知る資料（卓上日記やダイアリー日記）。

⑦　消費組合関係資料（一九三〇年代の活動内容や運営についてのガリ版刷り資料等）。

⑧　世界連邦関連資料（世連からの印刷物等。らいてうあいさつ文や手書きメモ「世界連邦」〈一九六〇年代〉、らいてうの「世界連邦」年賀はがき〈一九六八年まで〉等）。

⑨　国際運動資料（まとまったものとして「中国婦人代表招請問題資料」は、高良留美子氏の論考『浜田糸衛生と著作』下、ドメス出版、二〇一九年〉に収録されているらいてう書簡と対応）。

⑩　社会問題への関心。三鷹事件に対する関心（未公表）は櫛田ふき宛て書簡および『一九五三―五八年日記』に記載あり。「朝鮮帰国事業」への賛同（未公表）など『著作集』に記述あり。

⑪　「霊知学」関連資料。らいてうの学習ノート？かもしれない書き込みのあるノート、および小林さんが収集したのではないかと思われる『霊知学』に関する本のコピー等（「小林登美枝聞き書きノート」には父親が霊知学に関心をもっていたという記述あり）。『青鞜』誌上の「高原の秋」（一九一一年）には霊知学の用語が使われている。

3　この資料の「新しい価値」について

これまでのらいてう研究は、主として、『自伝』と『著作集』に依拠して行なわれてきた。らいてう没後、『自伝』の「戦後編」は小林登美枝さんによって編集され、そこに「①らいてうが書いたもの、②らいてうが書き残した文章、③直接らいてうから聞いたことのみに基づいている」こと（編集者の個人意見ではない）が示されている。①は『著作集』等に発表された公開された文書である。②は主としてこれら「らいてう資料」の自筆資料に拠ったものであることがわかってきた。③は書かれた資料だけではないと思うが小林登美枝さんの「聞き書きノート」がある。その意味で『自伝』完成に重要な役割を果たした資料であるということができる。

しかし、当然のことながら『自伝』にこれらの資料が全部引用されたわけではない。この資料に登場しない事項について『自伝』ではとりあげられていないこともある。たとえば一九三四年母性保護連盟が発足し、らいてうも参加しているが、この資料の中に関係資料が見当たらず、『自伝』でも触れていない。またらいてうの戦後の記述に「満洲事変以後女性たちの運動も戦争へ動員されるようになった」という指摘があり、らいてうが「動揺と、迷いと、もが」いていくことが指摘されているが（奥村直史「平塚らいてうと一五年戦争―一九三一年～一九四一年を中心に」『紀要』六号、二〇一三年）、その「迷い」を示すと思われる文章（満洲事変についての論評が『朝日新聞』と『都新聞』に掲載されている）は、

『著作集』にも載っておらず、『自伝』でも触れられていない。さらに戦時中らいてうが『輝ク』誌に「紀元二千六百年」を讃えたり、中国の抗日統一戦線を批判して、日本の傀儡汪兆銘政権を支持した文章などを書くが、『自伝』『著作集』のどちらにも出てこない。「らいてうの言葉」として知られる「生きることは行動すること（ルソーの引用）」も、書かれたというらいてうのノートは未発見。有名な世界母親大会のきっかけとなったアピールが平野義太郎氏の示唆によるという記述も典拠は未発見。原水爆禁世界大会以前にイギリスに女性被爆者を送り、海外で被爆証言の最初になった経過（公にするとビザを拒否されるのでらいてう個人が窓口になった）は、婦団連や日本平和委員会等の年表にも出てこない。婦団連ニュースに出てくる。自伝の典拠未発見。

また、これらの資料の中から、どの資料のどの部分が引用されたのか、されなかった部分はどこかをあきらかにすることで、らいてうへの新しい評価が生まれる可能性もある。たとえば戦後日記には、らいてうが「霊の実在」を信じて宗教団体に参加したことや祖霊をまつることに熱心であったことが書かれている。世界連邦についても『自伝』では入会した時点で説明があり、後に一九五〇年後半運動に違和感（この理由については本書収録の「平塚らいてうの戦後平和思想とその実践」参照）を感じて理事を辞めたがその後も世界連邦思想には共感しているとあるものの、その後の記述には出てこない。一方、年賀状などでは一九六〇年代以降も「世界連邦の建設をうったえる」はがきを使用していることがわかっている。なお、小さなことかもしれないが、『自伝』に「わたくしは永遠に失望しない」と書かれた一行は、らいてうのどの文章にあるのかは未発見。「わたくしは永久に失望しない」という文言は戦後一九五六年の文章にある（「庶民の中に生まれる力」）。

また、らいてう宛ての年賀状（一九六四年）をはじめとする書簡がかなり残されている。それらの中には『自伝』に登場しない人物名もある。これらの人びととの接点（儀礼的なものかどうかを含めて）の確認も今後の課題である（子安美知子、長幸男・武田清子、山川菊栄、藤田たき、出口伊佐男等）。年賀状以外の来信にも恩田和子、村上信彦、結城《ゆうき》哀草果《あいそうか》、橋本憲三、桜沢如一《ゆきかず》、陳范美、石牟《いしむ》礼《れ》道子、浜田糸衛《いとえ》、松田道雄、西光万吉《さいこうまんきち》、河内省一等の名がある。らいてう古希祝いの議員有志名簿には、当時の社会党や共産党関係議員の名が多数みえる。また文化人の名も見える。『一九四八―五〇年日記』には「希望要項」声明を無我苑の伊藤あさ子宛て書簡の形で出したいという構想も記述。こうした多方面の人びとの交友は、あまり知られていない。無我苑は、「無我愛の哲学」を説く伊藤証信《しょうしん》の創立。彼は戦後世界連邦運動に参加、あさ子夫人もらいてうと親しかった。あずまや高原に土地を求めたことも『一九五三―五八年日記』には出てくる（はがきも残っている）が、『自伝』には全く触れられていない。

『自伝』は一九六〇年代初めまでで終わっているが、それから七一年の死去までの「一〇年間」の資料ものこっている。戦後を中心としたらいてうの軌跡をみると、「らいてうの全体像」はまだ明らかにされていないといえるのではないか。「らいてう資料」はその扉を開く一歩になると思われる。

（初出）『平塚らいてうの会紀要』一四号、二〇二一年。

今、生かそう「らいてうのこころざし」――むすびにかえて

はじめに

二〇二一年はらいてう没後五〇年、そして『青鞜』創刊一一〇年です。平塚らいてうの会では、この節目の年にらいてうの生涯を振り返り、「今、うけつぐらいてうのこころざし」を語りたいと準備してきました。しかしコロナ禍がおさまらないなかで、このつどいもオンライン開催となったしだいです。

けれども、わたしたちはここで沈黙することはできません。らいてうもまた人生のあゆみのなかでさまざまな困難にぶつかり、ときには動揺し迷いながら生き抜いてきました。もう一度その軌跡を振り返るところから、その「こころざし」を今に生かす道を探りたいと思い、三つの視点から報告します。

1 「後ろを振り向かない」——思うことをまっすぐに貫く精神

最初に取り上げたいのは、らいてうが『青鞜』発刊以前の若い日からつらぬいてきた「自分で考え、思ったことは必ず実行する」という精神です。幼い時から自分の思ったことを簡単に引っ込めない子どもでした。お茶の水高等女学校の「良妻賢母教育」に飽き足りず、級友と「海賊組」をつくって授業をエスケープ、「結婚しない。自分で食べていく」と決心したこともあります。日本女子大学校在学中「自分はなにものだろう」と悩み、禅に出会うことで自己を解放する力を得ました。卒業後二三歳のとき「塩原事件」と呼ばれる「心中未遂事件」を起こしたのも自分の生き方を発見したいという模索でしたが、スキャンダルにさらされます。「地べたに叩き落され」心の平安を失ったらいてうは、自分を立て直すために信州に逃れます。自然と対話する中で得たのは、「自分の主人は自分自身である」という信念でした。

その精神は、二年後の一九一一年創刊した『青鞜』発刊の辞「元始女性は太陽であった」に示されます。「女性解放宣言」といわれるこの文章でらいてうは、「女性にとって真の自由解放とは」と問い、「女性はだれでも素晴らしい力をもっているのにそれが押しつぶされていることを自覚し、あきらめないで、本物の自分を出し続けていこう、そのとき女性は自ら輝く太陽になることができる」と宣言したのです。「女性はみんな天才だ」というリフレインは、特別に才能のある女性に対してではなく、すべての女性へのオマージュ（讃辞）でした。これは、たんに法律や制度上の男女平等が実現しても、女性を一個の人間として認めること、それを女性自身が自覚することなしに女性解放はあり得ないというらいてうの強い意思のあらわれでした。

『青鞜』は、一九一一年九月から一九一六年二月まで全五二冊刊行されますが、その内容を見ると「家制度」を批判して発売禁止処分を受けた号もあるほか、雇主からセクハラを受けたのに「それでも食べるために職場をやめることができなかった」という痛切な告発や、どんな場合にも妊娠中絶を許さない「堕胎罪」のために投獄された女性が「私は……こうするほかに道がなかった」と訴える小説、同性愛をテーマにした小説、さらに「女性に性的欲求はあるか」という論争など、法や制度にしばられた女性が「わたしの心も体も自分のもの」という自己解放認識にたどり着いていく模索に満ちあふれています。一〇〇年以上も前の女性たちがかくも熱く発信したことは、現代日本の「Me Too」や「Ku Too」運動、あるいは「フラワーデモ」などの運動の原点と言えるのではないでしょうか。

らいてうは、その道のりが容易でないことを知っていました。「元始女性は太陽であった」には、自分はいつか斃《たお》れて海の底に沈むかもしれないが、それでも最後まで「女性よ、進め、進め」と叫ぶだろうとあり、結びの言葉は「烈《はげ》しく欲求することは事実を産む最も確実な真原因である」でした。発刊後『青鞜』が「新しい女」と非難されたときも、後年の思い出のなかで「だれも助けてくれない四面楚歌のなかでたたかった。頼るものは自分ひとりの信念だけだった」と書いています。一九一三年刊行の最初の著書『圓窓より』の扉には「後ろを顧みると「死」が大きな手を開いている／私は直往邁進せねばならぬ」と書きこみました。

今もわたしたちは「先の見通しがない」ことに不安を感じ、行動できないことがありますが、らいてうは自分で思うことをまっすぐに実行し、後ろを振り向こうとしませんでした。一九一四年に奥村博史と恋愛したときも、「この愛がどこへ向かうかはわからない」けれど「行き着くところまで行ってみよう」と決心するのです。このとき家制度に抵抗して「奥村家の嫁にはならない」と法律婚をせず、「夫婦別姓」を実行します。二一世紀の現代においても「事実婚」に対する法律上の不利益はもとより、社会的にもまだまだ抵抗が大きいことは言うまでもありませんが、一〇〇年以上前には想像を超えるバッシングがありました。生まれた子は母親である自分の戸籍に入れる以外に選択の道がなく、そのため子は「私生」とされてしまいます。らいてうは「私生」の子が法の保護を受けられないことに異議を申し立て、「すべての母と子に国が生活保障を」と主張して「母性保護論争」を起こします。そこで第二の視点としての「権利としての母性」という認識をとりあげたいと思います。

2 「自愛」から「他愛」へ――「世界民」思想への道

奥村博史を愛したらいてうは、「家制度」のもとで当然とされていたように両親の許可を求めず、自分の意志で家を出て共同生活を始めます。はじめ「子どもを持つ意思はない」というのがらいてうの信条でした。しかし、やがて「のぞまなかった妊娠」という事実に直面します。当時妊娠中絶（堕胎）はいかなる場合にも刑法上の堕胎罪に問われました。らいてうは「法律があるからといって、自分の意志に反することはできない」と思い、さらに精神的にも経済的にも子を産み育てる確信がないことに悩みますが、最終的にじぶんの意志で産むことを選択します。それは法律を恐れたのではなく二人の愛を完成させるために選んだ道でした。

しかし出産したらいてうは、生まれ出たいのちの愛おしさにめざめます。病気入院中の奥村を見舞いながら生活のために徹夜で原稿を書き、そのため乳が出なくなるという経験から、子どもを健やかに育てるために母親の母体の保護とともに生活保障が必要であることを実感、エレン・ケイに出会って「母性主義」にめざめ、一九一八年を中心に与謝野晶子らと「母性保護論争」を起こします。この論争は、与謝野晶子が女性の経済的自立を主張したのに対し、らいてうが「女性の天職は母となること」と唱えたというので「女性の性役割を容認」と受け取られがちですが、じつは当時の日本には社会保障もなく、乳幼児死亡率は最悪、農家の「嫁」や働く女性には産前産後の休暇もありませんでした。「国家の手で母性保護を」というらいてうの主張は、与謝野晶子に「国家主義」と非難されますが、現在の「産前産後休暇」をはじめ、「育児休業」や「児童手当」にあたる社会保障要求だったのです。らいてうが卓越しているのは、女性にとって「母性」の自覚はたんに個々の母親が自分の子どもを育てるという意味ではなく、すべての子どものいのちを守るために女性が自ら学び考える場の保障とそこから生まれる社会構想を実現できるための政治的権利を、ともに要求したことです。

このことをらいてうは、かつて自分は自己の完成をもとめる「自愛主義（エゴイズム）」の立場であったが、それを前提としつつ、今や「他愛主義（アルトルイズム）」にめざめたと語っています。「altruism」という用語はコロナ禍のなか、世界は互いに理解しあい他者の利益を認め合う協同の世界認識を持つべきだという提言として注目されていますが、らいてうのそれは「経済的利益」にとどまらず、人間の本源的な価値としての「相互扶助」に立脚した協同社会をつくるべきだという思想でした。そのような社会はどれほど進歩的であっても男性だけではつくれない、女性がともに責任を持つべきだという点で、らいてうの母性主義は、今日の「ジェンダー平等」のさきがけだったと言えると思います。

こうした意味で「母性保護論争」は、たんに「女性が働くべきかどうか」といった議論にとどまっていなかったのです。与謝野晶子は「すべての人間が平等に働き、自立した生活を営む」無階級社会構想を持っていました。らいてうもまたこの論争のなかから到達したのは、「産む性」としての女性が権利主体となって実現する「社会改造」構想でした。両者をともに「資本主義の範囲内の改良」にとどまると批判した山川菊栄は「社会主義」を対置しました。このように「大正デモクラシー」と呼ばれた時代にあって、「男たちのデモクラシー」に含まれていなかった「女たちのデモクラシー」を主張したのです。

らいてうは一九一九年に新婦人協会の活動を呼びかけ、「いのちを産む」女性の手で子どもを守り、戦争や貧困をなくそうと「戦争を防止し、世界平和のために」婦人参政権を要求します。第一次世界大戦後生まれた国際連盟に対しても「自国のエゴで軍縮しないような国家は人類の敵」と断言、国家の枠組みを超えて「みんな世界民になろう」と主張しました。この精神は、戦中戦後をとおして彼女の社会構想を貫く原点になりました。一九二三年の関東大震災のとき、これまで対立していた女性団体が協同して被災者救援に当たったことを、らいてうは高く評価しています。ここから国家の支配に拠らず、生活者である女性の立場から「相互扶助」と「協同自治」の社会をつくろうという消費組合の設立に向かったのは一九三〇年代、世界恐慌によって日本経済が失速、都会には失業者、農村には「欠食児童」や「娘身売り」が続出する惨状に直面したときでした。世田谷成城に誕生した「消費組合我等の家」でらいてうは「日常生活を守る仕事は女性の参加なしにはすすまない」とみずから理事長を引き受けます。子どもたちもお店を手伝い、家族ぐるみで協力しました。

こうみると、らいてうはいつも正しく、さっそうとしていたように見えますが、けっして「無謬《むびゅう》のひと」ではありませんでした。一九三〇年代に日本は中国への侵略戦争を開始、「国家総動員」の名のもとに女性の戦争動員を強めます。このとき、らいてうが「迷い、動揺し、もがいた」ことを、らいてう令孫の奥村直史さんが明らかにしています。らいてうは、戦後自ら学習して「日本の女性が戦争に反対できず、アジアの人びとを苦しめたことを「愧《は》じ」、日本国憲法九条を拠りどころに「核も戦争もない」平和な世界を女性の手でつくり出そうと決心します。自分をあきらめず不死鳥のように立ち上がる生き方こそ、今うけつぐべき「らいてうのこころざし」にほかなりません。そこで第三の視点として、らいてうが戦争の時代に直面した問題と戦後の平和運動への開眼について検討したいと思います。

3　女性が平和をつくる主人公に
――「主権者になった女性には戦争を止めさせる責任がある」

最近、一九五〇年を中心にしたらいてう手書きの日記が公開されました。注目されるのは、この年らいてうが呼びかけて野上弥生子や植村環など著名な女性とともに「非武装国日本女性の講和問題についての希望要項」を発表したときのらいてうの思いがあきらかになったことです。

らいてうは戦時中疎開先で沈黙し、戦後も市川房枝らがいち早く結成した新日本婦人同盟にもメッセージを送っただけでした。しかし戦後五年目のこの日記には、日本に再軍備を求めるアメリカ主導の単独講和論に対し、思い悩みつつ「今、女性が平和について発言しなければ」と決心して全面講和を求める意思を表明する経過が率直に書かれています。日記のほかに熱心に「平和とは何か」を学習した分厚いノートも残っています。当時「全面講和か、単独講和か」は、国論を二分する政治的争点でした。らいてうは誰に指図されたのでもなく、自分の意志で草案を書き、冷戦下の政治的対立を越えて「女性の立場から」発言したのでした。

そこには、らいてう自身の戦時中の苦い経験がありました。一九三一年の満洲事変以後、日本は国際連盟を脱退、ナチスドイツと同盟して日中全面戦争と侵略戦争への道を突っ走ります。一九三六年のベルリンオリンピックがナチス宣伝の場になったことは有名です。らいてうは、パートナーの奥村博史が一九三六年中国の上海を訪問して中国民衆の生活に親近感を持ったこともあって、特に「中国とは戦争したくない」と考えていました。しかし中国は、日本の侵略に抵抗して「抗日民族統一戦線」を結成します。このときらいてうは「抗日戦争」に反対、日本政府の言いなりに動く汪兆銘《おうちょうめい》政権が唱える「和平」を支持する文章を書いたのです。宮本百合子など少数の女性を除く著名な女性作家や女性運動家たちも「日本はアジアの平和をめざす」という政府・軍部の宣伝に同調します。日中全面戦争が始まった一九三七年ごろまでは「ファシズム反対」を掲げて戦争反対の意思表示をした婦選獲得同盟の市川房枝も、戦争反対の思いを持ちながら、国が「女性の力」を求めてきたときそっぽを向けば女性の参政権は遠のくのではないかと「涙を呑んで」国策協力に転じ、らいてうも時局講演会に参加したり、戦死者の遺族を激励する運動に加わったり、防空演習に参加を求められたりします。らいてうの「自分で考え、自分の意志で行動する」姿勢は揺らぎました。職場でも家庭でも「普通の女性」たちが「銃後《じゅうご》の守り」を女性の手でという戦争協力体制に組み込まれていきました。

一方で一九四一年一二月に大学を繰り上げ卒業する息子の兵役参加も迫ってきました。息子は機械工学科卒業後技術将校になる可能性があったのですが、事実婚によって「私生」とされたままでは一兵卒として前線に送られる恐れがあると知って、らいてうは奥村家への入籍を決意します。日米開戦の直前でした。それからまもない一九四二年三月、二人の子が結婚して家を出た後、父を見送ったらいてうは、奥村博史とともに姉と母が暮らす茨城県小文間村戸田井に「疎開」、ほとんど沈黙します。

それは「反戦」の意思表示というより、戦後『自伝』に書かれたとおり、「権力に抵抗する自信がなくなった」ことへの「緊急避難」に近い選択でした。しかしその疎開先でもやがて食糧難に直面、「戦車が通る道路をつくる」というので道普請《みちぶしん》に駆り出される日々が続きます。一九四五年四月には、らいてうが青春の日々を過ごした東京本郷曙町の実家が空襲され、思い出の品々とともに焼け落ちるという体験もしました。このとき、らいてうの初孫である築添正生さんは生後三ヵ月でからくも空襲を逃れ知人の家に避難したものの、そこでまた空襲に遭い、母に抱かれて逃げまどったといいます。ここでらいてうは、「国のため」というタテマエで動員された戦時活動から現実にいのちを脅かす戦争を実体験したのです。

敗戦後もらいてうはわき立つ民主化運動から距離を置いていました。かつて戦争体制の中、日本の侵略戦争の本質を見抜くことができなかったことを痛感した彼女は、もう一度自分自身の「内なるいのち」を見つめなおし、他によって動かされることのない自己の確立を追求するのです。それは民主化運動に立ち上がった人びとの目から見ればもどかしく、「時代遅れ」とみられたかもしれません。しかし、かつてスキャンダルにさらされ、動揺する日々を過ごした若い日に、自己を見つめなおすことによって立ち直っていったらいてうは、この時もまた「人間も草木や昆虫や鳥獣と同じように、この宇宙に遍満する大きな『いのち』の力によって、産み出されたもの」であることに思いをいたし、そこから「いのちの平和」ともいうべき平和思想を紡ぎ出していきます。らいてうが沈黙の数年間に「二度と戦争をしない」ために自分は何をするべきかを考え、学習し、「非武装・非交戦」をうたう日本国憲法九条と個別国家の軍備を廃止する世界連邦思想に共鳴し、日本の世界連邦建設同盟に入会したのは一九四九年です。それがかたちになったのが、一九五〇年の「非武装国日本女性の講和問題についての希望要項」だったのです。

この「希望要項」にらいてうは、単独講和反対の理由の一つとして「中国を除外した講和は結ぶべきでない」と書きます。それは、日本の侵略戦争に反対できなかったことを愧じたらいてうの、二度と誤りを繰り返さないという意思表示だったにちがいありません。「日本の女性は戦時中参政権もなく、戦争を止めることができなかった。戦後女性は主権者になったのだから、戦争を止めさせる責任がある」というのが、らいてうの戦後平和運動の原点であり、その意思表示をしたことがらいてうの大きな転機になりました。

この訴えは、多くの女性たちの共感を呼びました。今まで出会ったことのない労働組合婦人部からも「自分たちも戦争反対。よく言ってくれた」と寄せ書きが届いたことが日記に記され、その手紙ものこっています。「自分で学び、考え、思うことをまっすぐに」というらいてうの精神がよみがえった瞬間でした。これ以後らいてうは「平和ひとすじ」の道を歩みます。戦後冷戦体制のもとで、女性たちの運動も政治的対立の影響を受けた時期に「意見が違っても女性の平和勢力は一つになろう」と訴え、「高良とみ帰国歓迎会」を契機に一九五三年全日本婦人団体連合会が結成されたときも「無色、無力、無能」な自分が会長を引き受けることで女性の力を集めようと挨拶しています。

らいてうはその後国際民主婦人連盟の副会長にも推され、一九五四年のビキニ水爆実験による第五福竜丸被曝事件を受けて、全世界の女性に「原水爆の製造・実験・使用禁止」を訴えて世界母親大会開催の原動力になり、湯川秀樹らとともに世界平和アピール七人委員会に参加して国連をはじめ各国首脳に実験即時停止と核兵器廃絶を求め、ベトナム戦争に反対して「(どの国も敵ではなく) ただ戦争だけが敵」と発言し続けました。一九六二年、新日本婦人の会創立にあたってらいてうも世話人として名を連ねましたが、その呼びかけの中には「戦時中わたくしたちはおおきな婦人団体にいれられ、軍部のおもうままに使われた苦い経験があります。……今こそ、思想・信条・政治的見解の違いをこえて、わたくしたち一人ひとりの力をあわせるときではないでしょうか」という文章があります。この呼びかけにらいてうが共鳴したことがうかがえるのではないでしょうか。「日本国憲法九条の非武装・非交戦の立場」に立ち、それには女性が平和をつくる主人公にならなくてはならない、というらいてう信念は、一九七一年五月二四日死去の日まで揺らぎませんでした。

二〇二一年に亡くなった瀬戸内寂聴さんは、かつて羽田澄子監督による記録映画『元始、女性は太陽であった—平塚らいてうの生涯』(二〇〇一年完成) 制作を応援されましたが、その試写会を見たとき涙があふれたそうです。「私は実に大きな誤りをしていた。これまで私はらいてうの真骨頂は、青春時代、『青鞜』から身を引くまでで、若い燕の語源となった年下の奥村博史と結婚以後は、本来のオーラがなくなったと思い、戦後の平和運動はらいてう以外の人も出来ると思っていた」が「らいてうの長い平和運動に至るまでの、長い人生の正直一途、純粋無垢な生き方こそ、ウーマンリブの元祖となるべきエネルギーの根源であり、そのパワーが結実した成果としての必然的な平和運動なのだと、肝に銘じてはじめて納得した」と、書いておられます（『週刊新潮』二〇〇二年一月三一日付）。

それから十数年経ち、二〇一七年に「すべての核兵器の製造や実験」はもとより「威嚇や宣伝」を含めて「全面的禁止」を明記した核兵器禁止条約が国連で採択され、奇しくもらいてう没後五〇年の二〇二一年に発効しました。二〇二二年にはウィーンで締約国会議が開かれました。「意見が違っても平和の一点で協同を」と訴え続けたらいてうの願いは、没後五〇年が経ち、実をむすぼうとしているのです。

むすび――他者理解と協同の可能性を開く

らいてうは「運動家」としてはまことに「不向き」なひとでした。戦後らいてう「再生」の一歩となった一九五〇年の「希望要項」にしても、一九六〇年代に書いたと思われる自筆メモには「片面講和反対の声は文化人から労働者から上っているのに、婦人の声はどこからも上らなかった」ことを憂慮し、「自分は先頭に立ってあまり働きたくなかったが黙していられない気持ちでとうとうあの草案を書いて、友人を訪ねたのだった」という記述があります。時にはためらい、迷い、間違いもおかしながら、女性が「自分で考え、学び、行動する」ことをあきらめたことはありませんでした。ルソーは「生きるとはただ呼吸することではない。行動することだ」と言いましたが、らいてうはこの言葉を自分の信条としていたのです。

戦後七六年目を過ぎても、大国の介入による国や民族の分断があおられています。日本政府は核兵器禁止条約に反対し、国際会議へのオブザーバー参加も拒んでいます。しからいてうは核実験競争が止まない一九五〇年代に、それでも自分は「永久に失望しない」と書きました。それは戦後の女性たちが平和のために行動する力を信じたからです。

一一〇年まえ、らいてうは信州滞在中の経験から、自ら雷鳥に化身して太陽の周りを廻るという幻想を書き綴りました。今こそ女性たちは空翔ぶ鳥のように高くそして広く世界を見わたし、すべてのいのちが守られる平和世界をめざさなくてはならないと思います。最近他者を理解するとは、他者の立場に立ってみることだという考え方（empathy＝エンパシー）も広がっています。一〇〇年前に、らいてうは「相互扶助」ということばで他者との協同の精神に立ちました。他者を受け入れ、異なる意見であっても一致点で協同する、そのこころざしをこそ受けつぐことが必要なのではないでしょうか。

（初出）「基調報告　らいてう没後五〇年・『青鞜』創刊一一〇周年記念のつどい」（『平塚らいてうの会紀要』一四号、二〇二一年）。

人名索引

あ 行

た　行

な　行

は　行

ま　行

や　行

ら・わ行

著者略歴
一九三四年、東京都生まれ
一九五八年、東京都立大学人文学部卒業
同大助手を経て、山梨県立女子短期大学教授、平塚らいてうの会会長、らいてうの家館長を歴任
〔主要著書〕
『子どものとき憲法に出会った―新制中学一期生の戦後体験』(かもがわ出版、一九九七年)
『平塚らいてう―近代日本のデモクラシーとジェンダー―』(吉川弘文館、二〇〇二年)
『女たちが戦争に向き合うとき―わたし・記憶・平和の選択』(ケイ・アイ・メディア、二〇〇六年)
『満月の夜の森で―まだ知らないらいてうに出会う旅』(戸倉書院、二〇一二年)

平塚らいてうと現代
女性・戦争・平和を考える

二〇二五年(令和七)三月十日　第一刷発行

著　者　米《よね》田《だ》佐《さ》代《よ》子《こ》
発行者　吉川道郎
発行所　株式会社　吉川弘文館
郵便番号一一三―〇〇三三
東京都文京区本郷七丁目二番八号
電話〇三―三八一三―九一五一〈代表〉
振替口座〇〇一〇〇―五―二四四番
https://www.yoshikawa-k.co.jp/
印刷＝株式会社　理想社
製本＝株式会社　ブックアート
装幀＝伊藤滋章

ISBN978-4-642-08472-7

史料にみる日本女性のあゆみ

総合女性史研究会編　　Ａ５判・二四四頁／二三〇〇円

女性は生きたあかしをどのように歴史に刻んできたのか。基本となる史料や見落とされてきた史料の読み方、新しい解釈、時代背景などをわかりやすく解説する。歴史上の未知の女性たちと出会うための初の女性史史料集。

Ⅰ　古代
一　政治権力の場で
二　結婚の変化と買売春
三　生活とはたらき
四　神仏の前で
五　自己表現と束縛のはざま

Ⅱ　中世
一　政治史で活躍した女性
二　女性をめぐる中世法
三　婚姻・妻・財産
四　女性と宗教
五　庶民の女性
六　多様な史料に見る女性

Ⅲ　近世
一　武家女性の地位と思索
二　農村女性の労働と生活
三　町家女性の労働と生活
四　女性をめぐる相続と財産
五　愛情と買売春
六　さまざまな場での女性たち

Ⅳ　近代
一　文明開化と女性
二　資本主義の成立と女性の役割
三　大正デモクラシーと女性解放
四　昭和期・戦争と女性

Ⅴ　現代
一　戦後の民主的改革
二　平和・暮らしを守る運動
三　高度経済成長の時代
四　世界の女性と連帯して

女性史と出会う【歴史文化ライブラリー オンデマンド版】

総合女性史研究会編

四六判・二〇八頁／二三〇〇円

戦後の、女性差別が今より厳しかった時代に女性史を志した研究者が、自らの体験や女性史への思いを熱く語る。個人史の面白さを兼ね、女性解放を目指し創りあげた女性史の原点を探る。世代や男女を問わず読める一冊。

（価格は税別）

吉川弘文館